최두헌

1976년 경주에서 태어났다. 동국대학교 한문학과와 동 대학원에서 석사를, 부산대학교 한문학과에서 경봉선사의 한시를 주제로 박사학위를 받았다. 군 생활 중 『벽암록』을 통해 처음 선(禪)을 접하게 되었고, 20대 초반 여러 선지식들을 참방하거나 편지를 보내 공부를 물었는데 유독 당시 수덕사 수좌였던 설정스님에게만 연락이 와서 그날로 하던 일을 정리하고 수덕사로 향했다. 설정스님의 "굳이 출가를 하지 않아도 큰 공부를 이룰 수 있다"는 말씀에 은사로 모시고 보탁(寶鐸)이라는 법명을 받고 참선공부를 시작하였다.

통도사 성보박물관 학예연구실장을 역임하였고 2020년에는 박물관 발전 공로로 문화체육관광부 장관 표창을 받았다. 저서로는 『경봉 정석의 한시 연구』, 『시민의 인성 2-인문학은 힘이 세다』(공저), 『금강산 관상록』, 『영축산의 구하 천보와 오대산의 한암 중원』(공저), 『경봉시집』 등이 있다.

또한 서예·전각가로서 대한민국미술대전 초대작가, 경기도서예대전·경인미술대전·경북서예대전 초대작가, 전국 휘호대회(국제서법예술연합) 초대작가이자 한국 서예가협회 회원, 한국 전각가협회 이사로도 활동하며 개인전을 3회 열었다.

현재는 경주에 거주하며 〈석가(石家) 서예·전각연구소〉를 열어 후학들을 지도하며 불교시의 시각화와 대중화를 위해 노력하고 있다. 부산대학교 한문학과 강사, 양산시 학술용역심의위원, 양신시립박물관 자문위원, 대구지방법원경주지원 조정위원 등을 맡아 지역 발전을 위해서도 활발하게 활동을 하고 있다.

치유인문컬렉션
08

오직 모를 뿐
_ 벽암록

Collectio Humanitatis pro Sanatione VIII

ars

미다스북스

치유인문컬렉션 도서 목록

* 콜렉티오 후마니타티스 프로 사나티오네(Collectio Humanitatis pro Sanatione)는 라틴어로 치유인문컬렉션이라는 뜻입니다. 세상의 상처를 치유하기 위해서는 인간이 만들어낸 모든 학문이 동원되어야 한다는 생각에서 출발합니다.

"내가 마주하고 있는 이는 누구인가?"
(對朕者誰)

"모릅니다."
(不識)

"어떤 것이 부처와 조사를 넘어서는 말씀입니까?"
(如何是超佛越祖之談)

"호떡이니라."
(餬餅)

"몸(色身)은 부서져 없어지겠지만, 어떤 것이 견고한 진리의 몸입니까?"
(色身敗壞 如何是堅固法身)

"산엔 꽃 피어 비단 같고, 골짜기 물은 맑아 쪽빛 같다."
(山花開似錦 澗水湛如藍)

"그물을 뚫고 나온 황금빛 물고기는 무엇을 먹는지 궁금합니다."
(透網金鱗 未審以何爲食)

"그대가 그물을 뚫고 나오면 말해주겠다."
(待汝出網來 向汝道)

목차

중국 송(宋)나라 때의 승려

설두중현(雪竇重顯:980~1052)이

제자들을 가르치기 위해

수행에 참고할 만한 화두(話頭) 가운데서

100칙을 선별하여 송(頌)을 붙인 것이

『설두송고(雪竇頌古)』 혹은 『송고백칙(頌古百則)』이다.

여기에 원오극근(圜悟克勤:1063~1225)이

각 칙에 대한 개인적 생각인 착어(著語)와

해설 격인 평창(評唱)을 붙여서 간행한 것이

『벽암록(碧巖錄)』이다.

이 책은 여러 견해들은 배제하고

핵심인 본칙만 번역하여

원문과 함께 싣고

핵심 주제를 돌에다 새겨

전각 작품으로 만들었다.

원문은

1993년 장경각에서 발행한

선림고경총서 중『碧巖錄』에 실린 원문을

주(主)로 삼았고,

주석은 전등록, 조당집과

인터넷상의 여러 사전을

참고하여

정리하였다.

치유인문컬렉션을 기획하면서

존재와 치유, 그리고 인문

존재

"나는 생각한다, 그러므로 존재한다."

어느 이름난 철학자가 제시한 명제다. 생각으로부터 존재하는 이유를 찾는다는 뜻이다. 나름 그럴듯한 말이지만 결국 이 말도 특정한 시기, 특정한 공간에서만 적절한 명제이지 않을까? 물론 지금도 그때의 연장이요, 이곳도 그 장소로부터 그리 멀지 않다는 점에서 그 말의 효능은 여전하다고 하겠다. 다만 존재 이전에 생각으로 존재를 규정하는 것이 가끔은 폭력이라는 생각도 든다. 나는 이렇게 실제 존재하고 있는데, 존재를 증명하기 위해 합리적이고 논리적인 설득을 선결해야 한다. 만일 존재를 설득해내지 못하면 나의 존재는 섬망(譫妄)에 불과할지도 모르다니! 그래서 나는 이 말의 논리가 조금 수정될 필요가 있다고 생각한다.

"나는 존재한다. 그러므로 존재한다."

존재 그 자체가 존재의 이유인 것이다. 누가 호명해주지 않아도 존재하는 모든 것은 나름의 이유가 있고, 존중받을 가치를 지니고 있다. 존재는 그 자체로 완전하며 누군가의 판단 대상이 아니다. 비교를 통해 우열의 대상이 되어도 안되고, 과부족(過不足)으로 초과니 결손으로 판단되어도 안된다. 또한 사람이든 동물이든, 식물이든, 벌레든 외형이 어떤가에 상관없이 세상에 나오는 그 순간부터 존재는 이뤄지고 완성되며 온전해진다. 존재는 태어나고 자라고 병들고 죽는다. 이 자체는 보편진리로되, 순간마다 선택할 문은 늘 존재한다. 그 문도 하나가 닫히면 다른 문이 열리니, 결국 문은 열려 있는 셈이다. 그 문을 지나 길을 걷다 보면 어느새 하나의 존재가 된다. 어쩌면 순간순간 선택할 때는 몰랐지만, 이것이 그의 운명이요, 존재의 결과일지도 모를 일이다. 그런 점에서 그의 선택은 그에게 가장 알맞은 것이었다. 존재는 그 자체로 아름답다.

치유

그런 점에서 치유라는 개념은 소중하다. 치유는 주체의

존재에 대한 긍정을 바탕으로 자신을 스스로 조절해가는
자정 능력을 표현한다. 외부의 권위나 권력에 기대기보다
는 원력(原力, 원래 가지고 있던 힘)에 의거해 현존이 지닌 결여나
상처나 과잉이나 숨가쁨을 보완하고 위로하며 절감하고
토닥여주는 것이다. 원력의 상황에 따라서 멈추거나 후퇴
하거나 전진을 단방(單方)으로 제시하며, 나아가 근본적인
개선과 전변, 그리고 생성까지 전망한다. 간혹 '치유는 임
시방편에 지나지 않은가' 하는 혐의를 부여하기도 한다.
맞는 지적이다. 심장에 병이 생겨 수술이 급한 사람에게
건네는 위로의 말은 정신적 안정을 부여할 뿐, 심장병을
없애지는 못한다. 그러나 병증의 치료에 근원적인 힘은
치료 가능에 대한 환자의 신뢰와 낫겠다는 의지에 있음을
많은 의료 기적들은 증언해주고 있다. 어쩌면 우리는 이
지점을 노리는지도 모르겠다.

　구름에 덮인 산자락을 가만히 응시하는 산사람의 마음
은 구름이 걷히고 나면 아름다운 산이 위용을 드러내리
라는 믿음을 바탕으로 한다. 내보이지 않을 듯이 꼭꼭 감
춘 마음을 드러내게 만드는 것은 관계에 대한 은근한 끈
기와 상대에 대한 진심이 아니던가! 치유는 상처받은 이
(그것이 자신이든 타인이든)에 대한 진심과 인내와 신뢰를 보내는
지극히 인간적인 행위이다. 마치 세상의 모든 소리를 듣
고 보겠다는 관세음보살의 자비로운 눈빛과 모든 이의

아픔을 보듬겠다며 두 팔을 수줍게 내려 안는 성모마리아의 자애로운 손짓과도 같다. 이쯤 되면 마치 신앙의 차원으로 신화(神化)되는 듯하여 못내 두려워지기도 한다. 그러나 치유의 본질이 그러한 것을 어쩌겠는가!

인문

우리는 다양한 학문에서 진행된 고민을 통해 치유를 시도하고자 한다. 흔히 인문 운운할 경우, 많은 경우 문학이나 역사나 철학 등등과 같은 특정 학문에 기대곤 한다. 이는 일부는 맞고 일부는 그렇지 않다. 세상은 크게 세 가지로 구성되어 있다. 여러분이 한번 허리를 곧게 세우고 서 보라. 위로는 하늘이 펼쳐져 있고, 아래로 땅이 떠받치고 있다. 그 사이에 '나'가 있다.

고개를 들어본 하늘은 해와 달이, 별들로 이뤄진 은하수가 시절마다 옮겨가며 아름답게 수놓고 있다. 이것을 하늘의 무늬, 천문(天文)이라고 부른다. 내가 딛고 선 땅은 산으로 오르락, 계곡으로 내리락, 뭍으로 탄탄하게, 바다나 강으로 출렁이며, 더러는 울창한 숲으로, 더러는 황막한 모래펄로 굴곡진 아름다움을 이루고 있다. 이것을 땅의 무늬, 지문(地文)이라고 부른다. 그들 사이에 '나'는 그

수만큼이나 다양한 말과 생각과 행위로 온갖 무늬를 이뤄내고 있다. 이것을 사람의 무늬, 인문(人文)으로 부른다.

인문은 인간이 만들어내는 모든 것을 가리킨다. 그 안에 시간의 역사나 사유의 결을 추적하는 이성도, 정서적 공감에 의지하여 문자든 소리든 몸짓으로 표현하는 문학 예술도, 주거 공간이 갖는 미적 디자인이나 건축도, 인간의 몸에 대한 유기적 이해나 공학적 접근도, 하다못해 기계나 디지털과 인간을 결합하려는 모색도 있다. 이렇게 인문을 정의하는 순간, 인간의 삶과 관련한 모든 노력을 진지하게 살필 수 있는 마음이 열린다. 다만 이 노력은 인간이 지닌 사람다움을 표현하고 찾아주며 실천한다는 전제하에서만 인문으로 인정될 수 있다. 이제 천지와 같이 세상의 창조와 진퇴에 참육(參毓)하는 나를, 있는 그대로 바라볼 때가 되었다.

餘滴

어데선가 조그마한 풀씨 하나가 날아왔다. 이름 모를 풀씨가 바윗그늘 아래 앉자 흙바람이 불었고, 곧 비가 내렸다. 제법 단단해진 흙이 햇빛을 받더니, 그 안에서 싹이 올라왔다. 그런데 싹이 나오는 듯 마는 듯하더니 어느

새 작은 꽃을 피웠다. 다음 날, 다시 풀씨 하나가 어데선가 오더니만 그 곁에 앉았다. 이놈도 먼저 온 놈과 마찬가지로 싹을 틔우고 꽃을 피웠다. 그런데 이게 웬일인가! 그 주위로 이름 모를 풀씨들은 계속 날아와 앉더니 꽃을 피워댔다. 이들은 노란빛으로, 분홍빛으로, 보랏빛으로, 하얀빛으로, 혹은 흩색으로 혹은 알록달록하게 제빛을 갖추었다. 꽃 하나하나는 여려서 부러질 듯했는데, 밭을 이루자 뜻밖에 아름다운 꽃다지로 변했다. 생각지도 못한 일이었다!

이 컬렉션은 이름 모를 풀꽃들의 테피스트리다. 우리는 처음부터 정교하게 의도하지 않았다. 아주 우연히 시작되었고 진정 일이 흘러가는 대로 두었다. 필자가 쓰고 싶은 대로 쓰도록 했고, 주고 싶을 때 주도록 내버려 두었다. 글은 단숨에 읽을 분량만 제시했을 뿐, 그 어떤 원고 규정도 두지 않았다. 자유롭게 초원을 뛰어다닌 소가 만든 우유로 마음 착한 송아지를 만들어내듯이, 편안하게 쓰인 글이 읽는 이의 마음을 편안하게 할 것이라는 믿음 때문이었다. 우리는 읽는 이들이 이것을 통해 자신을 진지하게 성찰하고 새롭게 각성하기를 원하지 않는다. 그저 공감하며 고개를 주억거리면 그뿐이다. 읽는 분들이여, 읽다가 지루하면 책을 덮으시라. 하나의 도트는 점박이를 만들지만, 점박이 101마리는 멋진 달마시안의 세

계를 만들 것이다. 우리는 그때까지 길을 걸어가려 한다. 같이 길을 가는 도반이 되어주시는 그 참마음에 느꺼운 인사를 드린다. 참, 고맙다!

2024년 입추를 지난 어느 날
치유인문컬렉션 기획위원회 드림

중국 송(宋) 때의 선승인 설두중현(雪竇重顯:980~1052)이 제자들을 가르치기 위해 수행에 참고할 만한 화두(話頭) 가운데서 100칙을 선별하여 송(頌)을 붙인 것이 『설두송고(雪竇頌古)』 혹은 『송고백칙(頌古百則)』입니다. 여기에 원오극근(圜悟克勤:1063~1225)이 100칙에 대한 개인적 생각인 착어(著語)와 해설인 평창(評唱)을 붙여서 간행한 것이 『벽암록(碧巖錄)』입니다.

역대 선승들이 "『벽암록(碧巖錄)』을 읽으면 모든 잡념들이 사라진다"고 한결같이 말씀하신 것은, 알쏭달쏭하고 맥락 없는 문답들을 읽노라면 궁금증이 생기고 의문 덩어리가 생겨 일상에서 만들어지는 잡념들이 비집고 들어올 틈이 없기 때문이라 생각합니다.

이 책에서는 '핵심 100칙' 제목만을 정리하여 전각 작품으로 새겼고, 본문만 옮겨 번역하였습니다. 착어나 평창 등을 철저히 배제한 것은 더 막강한 의심과 의문을 통해 '잡념' 그 자체를 쳐부수기 위함입니다.

저는 군 복무 중에 우연히 종교 행사로 절에 갔다가 현재 수덕사 견성암에서 수행 중인 환오스님을 통해 『벽암록』을 알게 되었습니다. 당시까지 저를 괴롭혔던 삶의 궁극적 의문들이 이 책을 통해 조금이나마 해소되는 느낌이랄까! 불교 지식이 하나도 없던 그때 오히려 이 알 수 없는 대화들이 하루하루의 활력소가 되어 주었습니다. 특히 〈31칙〉—마곡스님의 석장을 흔들다(麻谷振錫)—을 읽을 때면 항상 가슴이 두근거렸습니다. '맞다'와 '아니다'의 대결, 그리고 남전의 "바람의 힘으로 돌린 것은 결국엔 멈추게 되어 있지(風力所轉 終成敗壞)."란 구절에서 정말 몇 번이나 무릎을 쳤는지 모릅니다.

요즘 사람들은 정말 많은 '생각'과 '고민', '판단'을 하며 살아가고, 희로애락의 굴레까지 떠안고 있습니다. 또한 시기와 질투로 다른 사람들까지 내 속으로 끌어들여 더 복잡해졌습니다. 그런 반복 속에서 이 책은 잠시나마 멈출 수 있는 휴식처 같은 책입니다. 물론, '무슨 말이야?'라고 대부분 생각하시겠지만, 그 반문 자체가 벌써 이 글에 빠져들고 있다는 신호탄이니, 믿고 읽어 나가보면 분명 즐거운 일이 생길 거라 확신합니다.

이 기막힌 선승들의 일상들을 전각 작품으로 하나하나 새기기 시작한 것은 6년 전입니다. 새기고 나면 마음에 안 들고, 어설퍼 다시 새기고, 또다시 새기고 그렇게 6년을 반복했습니다. '아! 이러다 영영 묻히겠구나!' 싶어 부끄러움은 뒤로하고 이렇게 결심하게 되었습니다. 부디! 전각을 공부하는 분들은 문장에 집중해 주시고, 선불교나 번역 공부를 하시는 분들은 전각에 집중해 주시면 부끄러움이 덜하지 않을까 생각됩니다.

이 책의 출판과 관련하여 하루에 한 칙(則)씩 매일 심플하게 번역하여 톡을 날려주신 영원한 지도교수님 이진오 선생님, 예술의 길로 이끌어 주신 (고)정고암 선생님, 청운 김영배 선생님, 석운 최경춘 선생님 감사합니다. 마지막으로 화두 하나 던져주시곤 뵐 때마다 혹은 통화를 할 때마다 '보탁! 공부한 거 내놔봐!'라고 물어주시는, 저를 무한한 선(禪)의 세계로 이끌어 주고 계시는 은사, 수덕사 송원 설정(松原 雪靖) 대종사님께 깊은 감사의 말씀 전하고 싶습니다.

마지막으로 이 책을 읽는 이들은 그 순간만이라도 옛 선승들이 던진 그물에 걸려 허우적대지 마시고 알 수 없는 의문을 쭉 이어가면서 모든 잡생각들을 하나하나 끊어내시길 바랍니다.

2024년 여름날 경주 선도산 아래

석가(石家) 서예 · 전각연구소에서 최두헌 드립니다.

ars

Collectio Humanitatis pro Sanatione VIII

달마[1]의 '모른다'
達磨不識

양무제[2]가 달마스님에게 묻기를,

"어떤 것이 최고의 성스러운 진리입니까?"

달마가 말하길,

"텅 비어서 성스러울 게 없습니다."

무제가 말하길,

"내가 마주하고 있는 이는 누구인가?"

달마가 말하길,

"모릅니다."

무제는 알아듣지 못했다. 달마가 드디어 강을 건너 위
(魏)나라에 이르렀다. 무제가 후에 그 대화에 대해 지공에
게 물으니 지공이 말하길,

"폐하! 이제 그분이 어떤 분인지 아시겠습니까?"

양무제는 말하길,

"모릅니다."

지공이 말하길,

"그분은 관세음보살로 부처님의 마음 법을 전해 받은 분입니다."

황제가 후회하며 그제야 사신을 보내 모시려 하였다. 지공이 말하길,

"폐하께서는 사신을 보내 모셔 오려고 하지 마십시오. 온 나라 사람이 가도 그는 돌아오지 않을 것입니다."

擧。梁武帝問達磨大師。如何是聖諦第一義。磨云。廓然無聖。帝曰。對朕者誰。磨云。不識。帝不契。達磨遂渡江至魏。帝後擧問志公。志公云。陛下還識此人否。帝云。不識。志公云。此是觀音大士。傳佛心印。帝悔。遂遣使去請。志公云。莫道陛下發使去取。闔國人去。他亦不回。

達磨不識, 3×3(가로×세로)

제2칙

조주[3]의 '명백함도 없다'
趙州不在明白

    조주(趙州)스님이 대중들에게 법문하길,

    "도(道)에 이르는 것은 어렵지 않으니, 오직 선택하지만 않으면 되느니라. 한마디 한다는 것이 선택하고 명백한 것인가! 늙은 중은 명백함이 없지만, 그대들은 이러한 것을 귀하게 여기지 않는가?"

    그때 어떤 스님이 물었다.

    "명백한 것이 없다고 하면서 무엇을 귀하게 여긴단 말입니까?"

    조주가 말했다.

    "나도 모르지."

    그 스님이 말했다.

    "화상께서는 알지도 못하면서 어떻게 명백한 것이 없다고 그리 말씀하십니까?"

    조주가 말했다.

    "질문이 끝났으면 인사하고 물러나거라!"

擧。趙州示衆云。至道無難。唯嫌揀擇。纔有語
言。是揀擇是明白。老僧不在明白裏。是汝還護惜也
無。時有僧問。旣不在明白裏。護惜箇什麼。州云。
我亦不知。僧云。和尙旣不知。爲什麼。卻道不在明
白裏。州云。問事卽得。禮拜了退。

趙州不在明白, 3×3

제3칙

마조[4]의 '해님 얼굴 부처님'
馬祖日面佛

마조스님이 몸이 편치 않으니, 원주가 물었다.

"스님께서는 요즘 건강이 어떠하신지요?"

스님이 말하길,

"해님도 부처님, 달님도 부처님이니라."

擧。馬大師不安。院主問。和尙近日。尊候如何。大
師云。日面佛月面佛。

馬祖日面佛, 2.8×2.8

제4칙

덕산[5]이 걸망을 메다
德山挾複

　덕산(德山)스님이 위산(潙山)에 도착하여 법당 위에서 걸
망을 메고는 동쪽에서 서쪽으로 갔다가, 서쪽에서 동쪽
으로 가더니 뒤돌아보면서 말하길,

　"없구나! 없어!"

　하고는 나가버렸다.

　덕산이 산문에 이르러 걸음을 멈추고는 말하길,

　"이렇게 대충 해서는 안 되지."

　다시 격식을 갖추고 들어가 (위산스님을) 친견하였다. 위산
은 방석에 앉아 계셨는데 덕산이 방석을 들면서,

　"스님!"

　이라 부르니 위산이 불자(拂子)를 잡으려 하였다. 덕산이
다시

　"억!"

　하고 소리를 지르고는 소매를 떨치며 밖으로 나가 버
렸다.

덕산이 법당을 뒤로하고 짚신을 신고는 다시 가버렸다. 위산이 저녁때 수좌에게 물었다.

"아까 새로 온 그 스님은 어디 있는가?"

수좌는 말했다.

"당시에 법당을 뒤로하고 짚신을 신고 떠났습니다."

위산[1]이 말하길,

"이 사람은 훗날 외로운 봉우리 정상에 올라 풀집을 짓고, 부처를 꾸짖고 조사를 욕하며 지낼 것이다."

擧。德山到潙山。挾複子於法堂上。從東過西。從西過東。顧視云。無無便出。德山至門首卻云。也不得草草。便具威儀。再入相見。潙山坐次。德山提起坐具云。和尙。潙山擬取拂子。德山便喝。拂袖而出。德山背卻法堂。著草鞋便行。潙山至晚。問首座。適來新到在什麼處。首座云。當時背卻法堂。著草鞋出去也。潙山云。此子已後。向孤峰頂上。盤結草庵。呵佛罵祖去在。

德山挾複. 2.5×2.5

제5칙

설봉[7]의 '좁쌀 한 톨'
雪峰粟米粒

   설봉(雪峰)스님이 대중들에게 법문을 하였다.

   "세상을 모조리 움켜쥐어 보면 좁쌀 한 톨 크기라. (이것
이) 눈앞에 펼쳐져 있지만 옻칠한 통 같아서 (사람들이) 알지
를 못하니, 북을 쳐서 일이나 하라."

   擧。雪峰示衆云。盡大地撮來如粟米粒大。抛向
面前漆桶不會。打鼓普請看。

雪峰粟米粒, 2.5×2.5

제6칙

운문®의 '좋은 날'
雲門好日

운문(雲門)스님이 법문하기를,

"15일 이전의 일을 그대들에게 묻지 않겠다. 15일 이후
의 일에 대해서 한 마디씩 말해보라."

스스로 답하기를,

"하루하루가 좋은 날이다."

擧。雲門垂語云。十五日已前不問汝。十五日已後
道將一句來。自代云。日日是好日。

雲門好日, 2.5×2.5

제7칙

법안⁹⁾과 혜초¹⁰⁾
法眼慧超

⁽혜초⁾스님이 법안스님에게 물었다.

"제가 스님께 여쭈겠습니다. 무엇이 부처입니까?"

법안스님이 말했다.

"그대는 혜초니라."

擧。僧問法眼。慧超咨和尙。如何是佛。法眼云。汝是慧超。

法眼慧超, 2.7×2.7

제8칙

취암[11]의 '눈썹'
翠巖眉毛

취암스님이 여름 안거가 끝날 때 대중들에게 법문하기
를,

"올여름 동안 형제들에게 설법을 했는데, 살펴보라! 내
눈썹이 있는가?"

보복(保福)이 말하길,

"죄지은 놈은 마음이 편치 않지."

장경(長慶)이 말하길,

"(눈썹이) 생겼네!"

운문(雲門)이 말하길,

"갇혀버렸군(關)."

舉。翠巖夏末示衆云。一夏以來。爲兄弟說話。
看翠巖眉毛在麽。保福云。作賊人心虛。長慶云。生
也。雲門云。關。

翠嚴眉毛, 2.6×2.6

제9칙

조주의 '네 가지 문'
趙州四門

어떤 스님이 조주스님에게 물었다.

"어떤 것이 조주(趙州)입니까?"

조주가 말하길,

"동문, 서문, 남문, 북문이니라."

擧。僧問趙州。如何是趙州。州云。東門西門南門
北門。

趙州四門, 2×2

제10칙

목주[12]의 '고함 지른 후'
睦州喝後

목주스님이 스님에게 물었다.

"최근에 어떤 곳에 있다가 왔는가?"

스님이 갑자기 고함을 쳤다.

목주가 말하길,

"내가 그대의 한번 고함소리에 당하겠군!"

그 스님이 또 고함을 쳤다.

목주가 말하길,

"서너 번 소리 지르고 다음에는 뭘 하려는가?"

스님이 말이 없자,

목주가 (그 스님을) 때리면서 말하길,

"이 사기꾼 같은 놈!"

舉。睦州問僧近離甚處。僧便喝。州云。老僧被汝
一喝。僧又喝。州云。三喝四喝後作麼生。僧無語。
州便打云。這掠虛頭漢。

睦州喝後, 2.6×2.6

제11칙

황벽[13]의 '술 찌꺼기 먹는 놈[14]'
黃檗酒糟漢

황벽스님이 대중들에게 법문하시길,

"여러분들은 모두 술 찌꺼기나 먹는 놈들이다. 이렇게 수행해서 언제 깨달음이 있겠는가! 다시 한번 이 큰 나라 안에 깨친 스승이 없다는 것을 알겠는가?"

그때 한 스님이 나와서 말하였다.

"그러면 전국 선방에서 대중들을 거느리고 가르치는 것은 무엇입니까?"

황벽이 말했다.

"깨달음이 없다고 말하지 않았다. 단지 스승이 없을 뿐이다."

擧。黃檗示衆云。汝等諸人。盡是噇酒糟漢。恁麽行脚。何處有今日。還知大唐國裏無禪師麽。時有僧出云。只如諸方匡徒領衆。又作麽生。檗云。不道無禪。只是無師。

黃檗酒糟漢, 3×3

제12칙

동산[15]의 '삼베 세 근'
洞山麻三斤

어떤 스님이 동산스님에게 물었다.

"무엇이 부처입니까?"

동산이 말했다.

"삼베가 세 근이다."

擧。僧問洞山。如何是佛。山云。麻三斤。

洞山麻三斤, 2.5×2.5

제13칙

파릉[16]의 '제바종[17]'
巴陵提婆宗

어떤 스님이 파릉스님에게 물었다.

"제바종(提婆宗)의 핵심은 무엇입니까?"

파릉이 대답했다.

"은그릇 속에 눈이 가득 담겼네."

擧。僧問巴陵。如何是提婆宗。巴陵云。銀碗裏盛
雪。

巴陵提婆宗, 2.7×2.7

제14칙

운문의 '상대적인 한 말씀'
雲門對一說

어떤 스님이 운문스님에게 물었다.

"부처님의 평생 가르침이 무엇입니까?"

운문이 대답했다.

"상대적인 한 말씀이다."

擧。僧問雲門。如何是一代時敎。雲門云。對一
說。

雲門對一說, 2.7×2.7

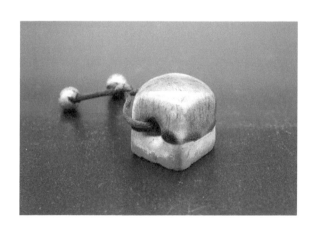

제15칙

운문의 '말도 안 되는 소리'
雲門倒一說

　어떤 스님이 운문스님에게 물었다.

　"보려는 것도 아니고, 보고 있는 것도 아니라면 어떻습니까?"

　운문이 대답했다.

　"말도 안 되는 소리."

　擧。僧問雲門。不是目前機。亦非目前事時如何。門云。倒一說。

雲門倒一說, 3×3

오체물전_발문_곽론

제16칙

경청[18]의 '서로 쪼아주기'
鏡清啐啄

어떤 스님이 경청스님에게 물었다.

"(껍질을 깨고 나올 수 있도록) 스님께서 쪼아 주십시오."

경청이 말했다.

"그렇게 해서 살아날 수 있겠습니까?"

그 스님이 말했다.

"살지 못한다면 사람들이 비웃겠지요."

경청이 말했다.

"역시 허름한 놈이군!"

擧。僧問鏡清。學人啐。請師啄。清云。還得活也無。僧云。若不活遭人怪笑。清云。也是草裏漢。

鏡淸啐啄, 3.1×3.1

제17칙

향림[19]의 '서쪽에서 오신 뜻[20]'
香林西來

어느 스님이 향림스님에게 물었다.

"달마가 서쪽에서 오신 뜻이 무엇입니까?"

향림이 대답했다.

"오래 앉았더니 피곤하군."

擧。僧問香林。如何是祖師西來意。林云。坐久成
勞。

香林西來, 2.5×2.5

제18칙

혜충[21]의 '이음새 없는 탑[22]'
忠國縫塔

숙종황제가 혜충국사에게 물었다.

"돌아가신 후에 어떻게 해 드릴까요?"

국사가 대답했다.

"늙은 중을 위해 이음새 없는 탑을 만들어 주십시오."

황제는 말했다.

"탑의 모양을 말씀해 주십시오."

혜충국사가 한참 가만히 계시다가,

"아시겠습니까?"

황제는 말하길,

"모르겠습니다."

국사가 말했다.

"나의 법을 이은 제자 탐원(耽源)이 있는데, 이 일을 알고 있으니 불러서 그에게 물으십시오."

국사가 열반한 후 황제가 탐원을 불러 이 뜻이 무엇인지를 물었다.

탐원이 말하길,

"상주의 남쪽, 담주의 북쪽. 그 가운데 황금이 가득한 나라가 있습니다. 그림자 없는 나무 아래에서 함께 배를 탔지만, 유리로 만든 궁전 위에는 아무도 아는 사람이 없습니다."

舉。肅宗皇帝問忠國師。百年後所須何物。國師云。與老僧作箇無縫塔。帝曰。請師塔樣。國師良久云。會麼。帝云。不會。國師云。吾有付法弟子耽源。卻諳此事。請詔問之。國師遷化後。帝詔耽源。問此意如何。源云。湘之南潭之北。中有黃金。充一國。無影樹下合同船。琉璃殿上無知識。

忠國縫塔, 3×3

제19칙

구지[23]의 '한손가락'
俱胝一指

구지스님이 어떤 사람이든 묻는 이가 있으면, 단지 손가락 하나만 세웠다.

舉。俱胝和尚。凡有所問。只豎一指。

俱胝一指, 3×3

제20칙

용아²⁴⁾의 '서쪽에서 오신 뜻'
龍牙西來

용아스님이 취미(翠微)²⁵⁾스님에게 물었다.

"달마께서 서쪽에서 오신 뜻이 무엇입니까?"

취미가 말하길,

"나에게 방석을 건네주게."

용아스님이 취미에게 방석을 주니, 취미가 받아서 바로 방석으로 때렸다. 용아가 말하길,

"때리는 것은 마음대로 때리십시오. 그러나 달마께서 서쪽에서 오신 뜻은 없습니다."

용아가 다시 임제²⁶⁾스님에게 물었다.

"달마께서 서쪽에서 오신 뜻은 무엇입니까?"

임제가 말하길,

"나에게 방석을 건네주게!"

용아가 방석을 임제스님에게 건네주자, 임제가 바로 (방석으로) 때렸다. 용아스님이 말했다.

"때리는 것은 마음대로 때리십시오. 그러나 조사께서

서쪽에서 오신 뜻은 없습니다."

擧。龍牙問翠微。如何是祖師西來意。微云。與我
過禪板來。牙過禪板與翠微。微接得便打。牙云。打
卽任打。要且無祖師西來意。牙又問臨濟。如何是祖
師西來意。濟云。與我過蒲團來。牙取蒲團過與臨
濟。濟接得便打。牙云。打卽任打。要且無祖師西來
意。

龍牙西來, 2.8×2.8

제21칙

지문²⁷⁾의 '연꽃'
智門蓮花

어떤 스님이 지문스님에게 물었다.

"연꽃이 물속에서 피지 않았을 때는 어떠합니까?"

지문이 말하길,

"연꽃이니라."

스님이 말하길,

"물 밖으로 나온 후에는 어떠합니까?"

지문이 말하길,

"연잎이니라."

擧。僧問智門。蓮花未出水時如何。智門云。蓮
花。僧云。出水後如何。門云。荷葉。

智門蓮花, 2.9×2.9

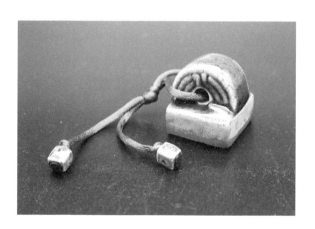

제22칙

설봉의 '독사[28]'
雪峰鼈鼻

설봉스님이 대중들에게 법문하기를,

"남산에 독사 한 마리가 있으니, 여러분들은 잘 보고 다니도록 하라."

장경스님이 말했다.

"오늘 이 법당 안에 많은 사람들이 있는데 목숨을 잃을 것이다."

어떤 스님이 (이 말을) 현사 스님에게 전하니, 현사가 말하길,

"장경 형님이니까 이렇게 말하는구나. 비록 이렇다 하더라도 나는 그렇지 않다."

어떤 스님이 물었다.

"스님께서는 어찌 말하겠습니까?"

현사가 말했다.

"'남산'이라는 말을 어찌 만들었는가?"

운문스님은 주장자를 (스승) 설봉스님 앞에 던지면서 놀라는 척했다.

舉。雪峰示衆云。南山有一條鱉鼻蛇。汝等諸人。切須好看。長慶云。今日堂中。大有人喪身失命。僧舉似玄沙。玄沙云。須是稜兄始得。雖然如此。我卽不恁麼。僧云。和尙作麼生。玄沙云。用南山作什麼。雲門以拄杖。攧向雪峰面前。作怕勢。

雪峰齇鼻, 3×3

제23칙

보복[29]의 '묘한 봉우리'
保福妙峰

보복스님과 장경[30]스님이 산에서 노닐 때, 보복이 손가락으로 가리키며 말하길,

"이곳이 바로 '묘봉정(妙峰頂)[31]'이구나."

장경이 말했다.

"옳긴 옳지만 아쉽구먼!"

훗날 이 일을 경청스님에게 살펴보라 하니, 경청이 말하길,

"만약 장경스님이 아니었다면 해골이 들에 널린 것을 보게 되었을 것이다."

擧。保福長慶遊山次。福以手指云。只這裏便是妙峰頂。慶云。是則是。可惜許。後擧似鏡淸。淸云。若不是孫公。便見髑髏遍野。

保福妙峰, 3×3

제24칙

철마[32]의 '늙은 암소[33]'
鐵磨牸牛

유철마(劉鐵磨) 비구니스님이 위산(潙山)에 도착하니 위산스님이 말했다.

"늙은 암소, 그대 왔는가?"

철마스님이 말하길,

"내일 오대산에서 큰 법회가 있습니다. 스님께선 가십니까?"

위산이 몸을 틀어 누웠다.

철마는 바로 법당을 나가버렸다.

擧。劉鐵磨到潙山。山云。老牸牛汝來也。磨云。來日臺山大會齋。和尚還去麼。潙山放身臥。磨便出去。

鐵磨牸牛, 3×3

제25칙

연화봉 주장자
蓮花拄杖

연화봉 암자 주인³⁴이 주장자를 들고 대중들에게 법문하였다.

"옛사람은 여기에 이르러서 왜 머물려 하지 않았겠는가?"

대중이 말이 없자 대신 말하길,

"그들이 가는 길은 힘이 필요 없기 때문이니라."

다시 말하길,

"결국에는 어찌해야 하는가?"

또 스스로 대신 말하길,

"주장자를 둘러매고 돌아보지 말고 곧장 겹겹 산봉우리 속으로 들어가야겠군."

擧。蓮花峰庵主。拈拄杖示衆云。古人到這裏。爲什麼不肯住。衆無語。自代云。爲他途路不得力。復云。畢竟如何。又自代云。榔栗橫擔不顧人。直入千峰萬峰去。

蓮花拄杖, 3×3

제26칙

백장[35]의 '크고 웅장함'
百丈大雄

어떤 스님이 백장스님에게 물었다.

"어떤 것이 기특한 일입니까?"

백장이 말하길,

"웅장한 봉우리에서 홀로 앉아 있는 것이지."

그 스님이 절을 하자, 백장이 바로 때려버렸다.

擧。僧問百丈。如何是奇特事。丈云。獨坐大雄
峰。僧禮拜。丈便打。

百丈大雄, 2×2

제27칙

가을바람에 본체가 드러나다
體露金風

어떤 스님이 운문스님에게 물었다.

"나무가 시들고 잎이 떨어졌을 때는 어떻습니까?"

운문이 말하길,

"가을바람에 온몸이 그대로 드러나는 것이지."

擧。僧問雲門。樹凋葉落時如何。雲門云。體露金
風。

體露金風, 3×3

제28칙

마음도 아니요, 부처도 아니요, 물건도 아니다
不是心不是佛不是物

　남전[36]스님이 백장[37]스님을 방문하니 백장이 물었다.

　"위로 모든 성인들이 아직 사람들을 위해 말하지 못한 어떤 진리가 있습니까?"

　남전이 말했다.

　"있습니다."

　백장이 말했다.

　"어떤 것이 사람들에게 말하지 않는 진리입니까?"

　남전이 말하길,

　"마음도 아니요, 부처도 아니요, 물건도 아니다."

　백장이 말했다.

　"그게 다인가요?"

　남전이 말했다.

　"나는 이러합니다만, 스님께서는 어떻습니까?"

　백장이 말했다.

　"나야 큰 도인이 아니니 거기에 대해 할 말이 있겠습니까!"

남전이 말했다.

"이해가 안 되는군요."

백장이 말했다.

"제가 그렇게 말했는데도 그런 말을 하는군요!"

舉。南泉參百丈涅槃和尙。丈問。從上諸聖。還有
不爲人說底法麼。泉云。有。丈云。作麼生是不爲人
說底法。泉云。不是心。不是佛。不是物。丈云。說了
也。泉云。某甲只恁麼。和尙作麼生。丈云。我又不是
大善知識。爭知有說不說。泉云。某甲不會。丈云。
我太煞爲儞說了也。

不是心不是佛不是物, 3×3

제29칙

대수[38]의 '세상이 망할 때의 불길'
大隋劫火

    어떤 스님이 대수스님에게 물었다.

    "세상이 망할 때 불이 타오르면 세상이 함께 무너진다는데, 사람의 본성도 무너집니까?"

    대수가 말하길,

    "무너진다."

    스님이 말했다.

    "그렇다면 그것도 따라갑니까?"

    대수가 말했다.

    "그것도 따라간다."

    舉。僧問大隋。劫火洞然大千俱壞。未審這箇壞不壞。隋云。壞。僧云。恁麼則隨他去也。隋云。隨他去。

大隋劫火, 3×3

제30칙

진주[39]의 '큰 무'
鎭州蘿蔔

어떤 스님이 조주스님에게 물었다.

"소문에 남전스님을 친견하셨다는데, 맞습니까?"

조주가 말했다.

"진주에는 큰 무가 나지."

擧。僧問趙州。承聞和尙親見南泉。是否。州云。
鎭州出大蘿蔔頭。

鎭州蘿蔔, 2.5×2.5

제31칙

마곡⁴⁰⁾의 '석장을 흔들다'
麻谷振錫

   마곡스님이 지팡이를 짚고 장경스님이 계시는 곳에 이르러 참선하는 자리 주위를 세 바퀴 돌고는 지팡이를 한 번 내려치고 우뚝 서 있으니 장경이 말하길,

   "맞다! 맞아!"

   마곡스님이 다시 남전스님 계시는 곳에 이르러 참선하는 자리를 세 바퀴 돌고 지팡이를 한번 내려치고 우뚝 서 있으니 남전이 말하길,

   "아니다! 아니야!"

   당시에 마곡스님이 말했다.

   "장경스님은 '맞다'고 하셨는데, 스님께서는 왜 '아니다.'라고 하십니까?"

   남전이 말했다.

   "장경은 '맞다! 맞다!' 했지만 자네는 아니라네. 바람의 힘으로 돌린 것은 결국엔 멈추게 되어 있지."

擧。麻谷持錫到章敬。遶禪床三匝。振錫一下。卓然而立。敬云。是是。麻谷又到南泉遶禪床三匝。振錫一下。卓然而立。泉云。不是不是。麻谷當時云。章敬道是。和尙爲什麼道不是。泉云。章敬卽是是。汝不是。此是風力所轉。終成敗壞。

麻谷振錫, 2.5×2.5

제32칙

임제의 '한 대 때림'
臨濟一掌

정(定)상좌[41]가 임제스님에게 물었다.

"무엇이 부처님 법의 큰 뜻입니까?"

임제가 선상에서 내려와 정상좌의 멱살을 잡고 손으로 뺨을 한 대 때리고는 바로 밀어 버렸다. 정상좌가 멍하니 서 있자, 곁에 한 스님이 말했다.

"정상좌는 어째서 예를 올리지 않는가?"

정상좌가 예를 올리려 하다가 홀연히 크게 깨쳤다.

擧。定上座。問臨濟。如何是佛法大意。濟下禪床
擒住。與一掌。便托開。定佇立。傍僧云。定上座何
不禮拜。定方禮拜。忽然大悟。

臨濟一掌, 3×3

제33칙

자복⁽⁴²⁾의 '일원상'
資福圓相

진조(陳操)⁽⁴³⁾가 자복스님을 뵈러 갔다. 자복이 오는 것을 보고 동그라미 하나를 그렸다. 진조가 말하길,

"제자가 이렇게 와서 아직 드러낸 것도 없는데 어쩌자고 동그라미를 그리십니까?"

자복은 바로 방장실 문을 닫아버렸다.

擧。陳操尙書看資福。福見來便畫一圓相。操云。弟子恁麼來。早是不著便。何況更畫一圓相。福便掩卻方丈門。雪竇云。陳操只具一隻眼。

資福圓相,2.6×2.6

제34칙

앙산[44]의 '오로봉[45]'
仰山五峰

앙산스님이 어떤 스님에게 물었다.

"어디에서 왔는가?"

스님은 말하길,

"여산(廬山)에서 왔습니다."

앙산이 물었다.

"오로봉(五老峯)에 가 보았는가?"

스님은 말하길,

"아직 가보지 못했습니다."

앙산이 말했다.

"그대는 아직도 산에 가보지 못했군."

(훗날) 운문스님이 말하길,

"이 말은 모두 자비를 베푸는 것이니 상대에 따라 하는 말이다."

舉。仰山問僧。近離甚處。僧云。廬山。山云曾遊五老峰麼。僧云。不曾到。山云。闍黎不曾遊山。雲門云。此語皆爲慈悲之故。有落草之談。

仰山五峰, 3×3

제35칙

앞도 삼삼, 뒤도 삼삼
前三三後三三

문수[46]보살이 무착[47]스님에게 물었다.

"어디에서 왔는가?"

무착이 말했다.

"남방에서 왔습니다."

문수가 물었다.

"남방에서는 부처님 법이 어떻게 지켜지고 있는가?"

무착이 말했다.

"말법 시대의 비구들은 조금 계율을 지키고 있는 정도입니다."

문수가 말했다.

"스님들은 얼마나 되는가?"

무착이 말했다.

"300에서 500명 정도 됩니다."

무착이 문수에게 물었다.

"여기서는 어떻게 지켜나갑니까?"

문수가 말했다.

"일반인과 성인이 함께 있고, 용과 뱀이 섞여 있다."

무착이 질문했다.

"대중은 얼마나 됩니까?"

문수가 말했다.

"앞도 삼삼(三三), 뒤도 삼삼(三三)이니라."

擧。文殊問無著。近離什麼處。無著云。南方。殊
云。南方佛法。如何住持。著云。末法比丘。少奉戒
律。殊云。多少衆。著云。或三百或五百。無著問文
殊。此間如何住持。殊云。凡聖同居龍蛇混雜。著
云。多少衆。殊云。前三三後三三。

前三三後三三, 2.1×2.1

제36칙

장사[48]의 '봄날'
長沙春意

장사스님이 하루는 산을 유람하고 돌아와 문 앞에 이
르자, 수좌가 물었다.

"스님께서는 어디에 갔다 오십니까?"

장사가 말하길,

"산을 유람하고 오는 길이다."

수좌가 말했다.

"어디까지 갔다 오셨습니까?"

장사가 말했다.

"처음엔 향기로운 풀을 따라가고 또 떨어지는 꽃을 따
라 돌아왔느니라."

수좌가 말했다.

"멋진 봄날이군요!"

장사가 말하길,

"역시 가을날 이슬 방울이 연꽃에 맺힌 것보다 낫지."

舉。長沙。一日遊山。歸至門首。首座問。和尙什麼
處去來。沙云。遊山來。首座云。到什麼處來。沙云。
始隨芳草去。又逐落花回。座云。大似春意。沙云。
也勝秋露滴芙蕖。

長沙春意, 2.5×2.5

제37칙

반산[49]의 '마음 구함'
盤山求心

반산스님이 법문하면서 말하길,

"온 세상이 텅 비었는데, 어디서 마음을 찾으리오!"

擧. 盤山, 垂語云, 三界無法. 何處求心.

盤山求心, 2.7×2.7

제38칙

풍혈[50]의 '무쇠로 된 소'
風穴鐵牛

풍혈스님이 영주(郢州)[51] 관아 안의 법당에서 법문을 하였다.

"조사의 마음 도장은 모양이 무쇠 소의 기틀과 같다. 떼면 도장이 나타나고, 놔두면 도장이 사라진다. 떼지도 못하고, 놔두지도 못하면 찍어야 옳은가? 찍지 말아야 옳은가?"

그때 노파가 나와 물었다.

"저에게 무쇠 소의 기틀이 있으니, 스님께선 찍지 마십시오!"

풍혈이 말했다.

"고래를 잡아 바다를 맑히는 일은 쉽지만, 개구리 한 마리가 진흙탕을 일으키니 딱하구나."

노파 장로가 생각에 잠기자, 풍혈이 할(喝)을 하며 말하길,

"장로는 왜 말이 없으십니까?"

장로가 머뭇거리자, 풍혈이 불자(拂子)로 한 번 때리며

말하길,

"내 말의 참뜻을 알겠는가? 어서 말을 해보시오!"

노파가 입을 열려 하자 풍혈이 다시 불자로 때리니, 영주의 태수가 말했다.

"부처님 법과 나라의 법이 한 가지군요."

풍혈이 말하였다.

"어떤 도리를 보았습니까?"

지사가 말했다.

"당연히 끊어야 할 것을 끊지 않으면 오히려 혼란만 생깁니다."

풍혈이 바로 법좌에서 내려왔다.

擧。風穴在郢州衙內。上堂云。祖師心印。狀似鐵牛之機。去卽印住。住卽印破。只如不去不住。印卽是。不印卽是。時有盧陂長老出問。某甲有鐵牛之機。請師不搭印。穴云。慣釣鯨鯢澄巨浸。卻嗟蛙步輾泥沙。陂佇思。穴喝云。長老何不進語。陂擬議。穴打一拂子。穴云。還記得話頭麼。試擧看。陂擬開口。穴又打一拂子。牧主云。佛法與王法一般。穴云。見箇什麼道理。牧主云。當斷不斷返招其亂。穴便下座。

風穴鐵牛, 2.8×2.8

제39칙

운문의 '황금털'
雲門金毛

어떤 스님이 운문스님에게 물었다.

"어떤 것이 청정 법신입니까?"

운문이 답했다.

"약초밭의 울타리니라."

또 물었다.

"이렇게 가버릴 때는 어떠합니까?"

운문이 대답했다.

"황금 털의 사자니라."

舉。僧問雲門。如何是淸淨法身。門云。花藥欄。
僧云。便恁麼去時如何。門云。金毛獅子。

雲門金毛, 2.5×2.5

제40칙

남전의 '뜰에 핀 꽃'
南泉庭花

육긍대부[52]가 남전화상과 이야기를 나누던 차에 육긍대부가 질문했다.

"조(肇)법사[53]가 말하길, 천지는 나와 한 뿌리요, 만물은 나와 한 몸이라고 했는데, 이는 매우 기괴한 말입니다."

남전이 뜰에 핀 꽃을 가리키며 대부를 부르면서 말했다.

"요즘 사람들은 이 한 송이의 꽃을 보고 마치 꿈 같다고 한다네."

擧。陸亙大夫。與南泉語話次。陸云。肇法師道。天地與我同根。萬物與我一體。也甚奇怪。南泉指庭前花。召大夫云。時人見此一株花。如夢相似。

南泉庭花 2.7×2.7

제41칙

조주의 '큰 죽음'
趙州大死

조주스님이 투자[쐐]스님에게 물었다.

"크게 죽은 사람이 도리어 살아날 때는 어찌해야 합니까?"

투자가 대답하였다.

"밤에 가는 것은 허락하지 않으니, 날 밝으면 가도록 하라."

擧。趙州問投子。大死底人却活時如何。投子云。不許夜行。投明須到。

趙州大死, 2.5×2.5

제42칙

방⁵⁵⁾ 거사의 '멋진 눈'
老龐好雪

방거사가 약산⁵⁶⁾스님과 헤어질 때, 스님은 열 명의 선객들에게 입구까지 전송해 주라고 하였다. 방거사는 _(마침) 허공에 날리는 눈을 가리키며 말했다.

"눈이 송이송이 잘 내려 다른 곳에 떨어지지 않는구나!"

그때 전_(全) 선객이 말하길,

"떨어지는 것이 어디에 정해져 있습니까?"

방거사가 손바닥으로 한번 때리니 전_(全) 선객이 말했다.

"거사는 거칠게 굴지 마시오."

거사가 말했다.

"그대들이 이러고도 선객이라 하니, 염라대왕이 가만히 두지 않겠군."

전_(全) 선객이 말했다.

"거사라면 어떻게 하겠소?"

거사는 또다시 손바닥으로 한번 때리며 말하길,

"눈뜬장님이요, 입 벌린 벙어리로다."

舉。龐居士辭藥山。山命十人禪客。相送至門首。居士指空中雪云。好雪片片不落別處。時有全禪客云。落在什麼處。士打一掌。全云。居士也不得草草。士云。汝恁麼稱禪客。閻老子未放汝在。全云。居士作麼生。士又打一掌。云眼見如盲。口說如啞。

老龐好雪, 3×3

제43칙

동산⁵⁷⁾의 '추위와 더위'
洞山寒暑

어떤 스님이 동산스님에게 물었다.

"추위나 더위가 오면 어찌 피해야 합니까?"

동산이 말했다.

"왜 추위와 더위가 없는 곳으로 가지 않는가?"

스님이 말했다.

"추위와 더위가 없는 곳이 어디입니까?"

동산이 말했다.

"추우면 추워하고, 더우면 더워하면 된다."

擧。僧問洞山。寒暑到來如何迴避。山云。何不向
無寒暑處去。僧云。如何是無寒暑處。山云。寒時寒
殺闍黎。熱時熱殺闍黎。

洞山寒暑, 3×3

제44칙

화산⁵⁸⁾의 '북을 치다'
禾山打鼓

화산스님이 법문에 말씀하시길,

"익히고 배우는 것을 '듣다(聞).'라 하고, 배움이 없는 것을 '가깝다(鄰).'라 한다. 이 두 가지를 뛰어넘는 것을 '정말 넘어섰다(眞過).'라 한다."

한 스님이 나와 물었다.

"어떤 것이 정말 넘어서는 것입니까?"

화산이 말했다.

"북 치는 법을 알지."

또 물었다.

"어떤 것이 참다운 깨달음입니까?"

화산이 말했다.

"북 치는 법을 알지."

또 물었다.

"마음이 부처라는 것은 묻지 않겠습니다. 어떤 것이 마음도 아니고 부처도 아닙니까?"

화산이 말했다.

"북 치는 법을 알지."

또 물었다.

"깨달은 도인이 온다면 어찌 맞으시겠습니까?"

화산이 말했다.

"북 치는 법을 알지."

擧。禾山垂語云。習學謂之聞。絶學謂之鄰。過此
二者。是爲眞過。僧出問。如何是眞過。山云。解打
鼓。又問。如何是眞諦。山云。解打鼓。又問。卽心卽
佛卽不問。如何是非心非佛。山云。解打鼓。又問。
向上人來時如何接。山云。解打鼓。

禾山打鼓, 3×3

제45칙

청주[59]에서 만든 삼베 적삼
青州布衫

어떤 스님이 조주스님에게 물었다.

"만 가지 법이 모두 하나로 돌아가는데, 그 하나는 어디로 돌아갑니까?"

조주가 대답했다.

"내가 청주에 있을 때 베옷을 한 벌 지어 입었는데 그 무게가 일곱 근이더라."

擧。僧問趙州。萬法歸一。一歸何處。州云。我在青州。作一領布衫。重七斤。

青州布衫, 2.6×2.6

제46칙

경청의 '미혹되지 않음'
鏡清不迷

경청스님이 한 스님에게 물었다.

"문밖에 무슨 소리인가?"

스님이 말했다.

"빗방울 소리입니다."

경청이 말했다.

"중생이 헛것에 뒤집혀서 사물에 끌려다니는구나."

그 스님이 말하길,

"스님께서는 어떠십니까?"

경청이 말하길,

"나는 홀리지 않았지."

스님이 말했다.

"'나는 홀리지 않았다'는 뜻이 뭡니까?"

경청이 말했다.

"몸을 빠져나오는 것은 쉬우나, 몸을 벗어난다고 말하는 것은 매우 어렵다."

舉。鏡清問僧。門外是什麼聲。僧云。雨滴聲。清
云。眾生顛倒迷己逐物。僧云。和尚作麼生。清云。
洎不迷己。僧云。洎不迷己意旨如何。清云。出身猶
可易。脫體道應難。

鏡清不迷, 2.6×2.6

제47칙

운문의 '여섯으로 안 되는 것'
雲門六不

어떤 스님이 운문스님에게 물었다.

"어떤 것이 진리의 몸입니까?"

운문이 말했다.

"여섯으로는 어림없지!"

擧。僧問雲門。如何是法身。門云。六不收。

雲門六不, 2.6×2.6

제48칙

태부⁶⁰⁾의 '옷소매를 떨침'
太傅拂袖

왕태부(王太傅)가 초경사(招慶寺)에 들어가니 (스님들이) 차를 달이고 있었다. 그때 혜랑(慧朗)⁶¹⁾스님이 명초(明招)⁶²⁾스님과 함께 차를 달이는 주전자를 붙잡고 있다가, 혜랑스님이 찻주전자를 뒤집어 버렸다. 왕태부가 이를 보고는 스님에게 물었다.

"차 끓이는 화로 밑에 이건 무엇이오?"

혜랑이 말했다.

"화로를 받드는 신입니다."

왕태부가 말했다.

"이게 화로 받드는 신이면 왜 찻주전자를 엎어 버렸소?"

혜랑이 말했다.

"벼슬을 천일 동안 했어도, 잃는 것은 하루아침이지요."

왕태부는 소매를 떨치고 다시 나가 버렸다. 명초가 말하길,

"혜랑스님은 초경사의 밥을 얻어먹고 도리어 강 건너

편에 가서 딴짓을 하는군."

혜랑이 말했다.

"스님께서는 어떻게 하셨겠습니까?"

명초가 말했다.

"귀신이 마음대로 해버렸군."

擧。王太傅入招慶煎茶。時朗上座與明招把銚。朗
翻卻茶銚。太傅見問上座。茶爐下是什麽。朗云。捧
爐神。太傅云。旣是捧爐神。爲什麽翻卻茶銚。朗云。
仕官千日失在一朝。太傅拂袖便去。明招云。朗上座
喫却招慶飯了。却去江外。打野榸。朗云。和尙作麽
生。招云。非人得其便。

太傅拂袖, 2.5×2.5

제49칙

삼성⁽⁶³⁾의 '금빛 물고기'
三聖金鱗

삼성스님이 설봉스님에게 물었다.

"그물을 뚫고 나온 황금빛 물고기는 무엇을 먹는지 궁금합니다."

설봉이 말했다.

"그대가 그물을 뚫고 나오면 말해주겠다."

삼성이 말했다.

"천오백 명의 제자를 거느린 분이 말귀를 못 알아듣는군!"

설봉이 말했다.

"내가 주지 일이 바쁘다네."

擧。三聖問雪峰。透網金鱗。未審以何爲食。峰云。待汝出網來。向汝道。聖云。一千五百人善知識。話頭也不識。峰云。老僧住持事繁。

三聖金鱗, 2.6×2.6

제50칙

운문의 '티끌마다 삼매'
雲門塵塵三昧

어떤 스님이 운문스님에게 물었다.

"무엇이 티끌마다 삼매에 든다는 것입니까?"

운문이 대답했다.

"발우 속에 밥이요, 물통 속에 물이지요."

擧。僧問雲門。如何是塵塵三昧。門云。鉢裏飯桶
裏水。

雲門塵塵三昧, 3.2×3.2

제51칙

암두의 '마지막 한마디'
巖頭末後句

설봉스님이 암자에 머물 때 두 스님이 와서 예를 올리려 하자, 설봉스님이 오는 것을 보고 손으로 암자 문을 열고 몸을 숙이고 나오면서 말했다.

"이 무엇인고?"

그 스님 또한 말하길,

"이 무엇인고?"

설봉이 머리를 숙이고 암자로 돌아갔다.

그 스님은 암두스님이 계시는 곳에 이르니, 암두가 물었다.

"어디서 오는가?"

스님이 말했다.

"영남[66]에서 왔습니다."

암두가 말하길,

"설봉스님에겐 갔었던가?"

스님이 말하길,

"네, 갔었습니다."

암두가 말하길,

"어떤 말들이 있었는가?"

스님이 전에 일을 말씀드리자, 암두가 말했다.

"그가 무슨 말을 하던가?"

스님은 말했다.

"설봉스님은 말없이 머리를 숙이고 암자로 돌아갔습니다."

암두가 말했다.

"아! 내가 처음 그를 만났을 때 그에게 불법의 마지막 한마디(末後句)를 말해주지 않았던 것이 후회스럽구나. 만약 그에게 말해주었더라면 천하 사람들이 설봉을 어찌하지 못했을 것인데."

그 스님이 여름 안거가 끝날 무렵에 다시 전에 이야기를 꺼내 가르침을 청했다.

암두가 말했다.

"어찌 일찍 묻지 않았는가?"

스님이 말하길,

"감히 쉬운 일이 아니었습니다."

암두가 말했다.

"설봉이 비록 나와 같은 줄기에서 났지만, 나와 똑같이 죽지는 않는다. 불법의 궁극적인 한마디를 알고자 하는

161

가? 단지 이것뿐이다."

　擧。雪峰住庵時。有兩僧來禮拜。峰見來。以手托
庵門。放身出云。是什麼。僧亦云。是什麼。峰低頭歸
庵。僧後到巖頭。頭問。什麼處來。僧云。嶺南來。頭
云。曾到雪峰麼。僧云。曾到。頭云。有何言句。僧擧
前話。頭云。他道什麼。僧云。他無語低頭歸庵。頭
云。噫我當初悔不向他道末後句。若向伊道。天下人
不奈雪老何。僧至夏末。再擧前話請益。頭云。何不
早問。僧云。未敢容易。頭云。雪峰雖與我同條生。
不與我同條死。要識末句後。只這是。

巖頭末後句, 3×3

제52칙

조주의 '돌다리'
趙州石橋

한 스님이 조주스님에게 말했다.

"오랫동안 조주의 돌다리(石橋)를 사모하였는데 막상 와
보니 그저 외나무다리군요."

조주가 말했다.

"그대는 외나무다리만 보았지. 돌다리는 보지 못했군!"

스님이 물었다.

"어떤 것이 돌다리입니까?"

조주가 답했다.

"나귀도 건너고 말도 건너지!"

舉。僧問趙州。久響趙州石橋。到來只見略彴。州
云。汝只見略彴。且不見石橋。僧云。如何是石橋。州
云。渡驢渡馬。

趙州石橋, 2.2×2.2

제53칙

마조의 '들오리'
馬祖野鴨

마조스님이 백장스님과 길을 가다가 들오리가 날아가는 모습을 보고, 스님이 말했다.

"이것이 무엇인가?"

백장이 말했다.

"들오리입니다."

마조가 말했다.

"어디로 가더냐?"

백장이 말했다.

"날아 가버렸습니다."

마조가 백장의 코를 잡고 비틀었다. 백장이 아픔을 참으며 소리를 질렀다.

마조가 말했다.

"어째서 날아갔다고 했느냐?"

擧。馬大師與百丈行次。見野鴨子飛過。大師云。

是什麼。丈云。野鴨子。大師云。什麼處去也。丈云。
飛過去也。大師遂扭百丈鼻頭。丈作忍痛聲。大師
云。何曾飛去。

馬祖野鴨, 2.6×2.6

제54칙

운문의 '손을 펴다'
雲門展手

운문스님이 어떤 스님에게 물었다.

"요즘 어디에 있다가 왔는가?"

스님이 말했다.

"서선(西禪)에서 왔습니다."

운문이 말했다.

"서선에서는 요즘 어떤 말들이 있었는가?"

스님이 두 손을 펼치니, 운문이 손바닥으로 때렸다. 그 스님은 말했다.

"저도 할 말이 있습니다."

운문이 바로 두 손을 펼쳤다.

그 스님이 말이 없자, 운문이 바로 때려버렸다.

擧。雲門問僧近離甚處。僧云。西禪。門云。西禪
近日有何言句。僧展兩手。門打一掌。僧云。某甲話
在。門卻展兩手。僧無語。門便打。

雲門展手, 2.2×2.5

제55칙

도오[65]의 '말할 수 없음'
道吾不道

도오스님과 (제자인) 점원[66]스님이 어느 집에 조문하게 되었다. 점원이 관을 두드리며 말하길,

"살았습니까? 죽었습니까?"

도오가 말했다.

"살았다고도 해도 말할 수 없고, 죽었다고 해도 말할 수 없다."

점원스님이 말했다.

"왜 말할 수 없습니까?"

도오가 말했다.

"말할 수 없지! 말할 수 없고말고!"

돌아오다 중간쯤에 이르러 점원스님이 말했다.

"스님께서는 어서 저에게 말씀해 주십시오. 말하지 않으면 화상을 때려버리겠습니다."

도오가 말했다.

"때리려면 마음대로 때려라! 말은 못 한다."

점원스님이 바로 때려버렸다. 그 뒤에 도오스님이 돌아가시자 점원스님이 석상(石霜)스님께 전에 있었던 이야기를 말씀드리니, 석상이 말하길,

"살았다고도 해도 말할 수 없고, 죽었다고 해도 말할 수 없다."

점원스님이 말했다.

"왜 말할 수 없습니까?"

석상이 말했다.

"말할 수 없지, 말할 수 없고말고."

점원스님은 그 말에 바로 깨달아버렸다. 점원스님이 하루는 삽을 들고 법당 안에서 동쪽으로 갔다가 서쪽으로, 서쪽으로 갔다가 동쪽으로 왔다 갔다 하니, 석상이 말했다.

"무엇하는가?"

점원스님이 말했다.

"스승님의 사리를 찾습니다."

석상이 말했다.

"큰 파도 흰 물결이 하늘까지 넘실거리는데, 무슨 스승의 사리를 찾는단 말인가?"

점원스님이 말했다.

"적당히 애를 쓰고 있습니다."

태원(太原)의 부(孚)스님이 말하길,

"스승의 사리가 아직 남아 있구나."

擧。道吾與漸源至一家弔慰。源拍棺云。生邪死
邪。吾云。生也不道。死也不道。源云。爲什麼不
道。吾云。不道不道。回至中路。源云。和尙快與某
甲道。若不道。打和尙去也。吾云。打卽任打。道卽
不道。源便打。後道吾遷化。源到石霜擧似前話。
霜云。生也不道。死也不道。源云。爲什麼不道。霜
云。不道不道。源於言下有省。源一日將鍬子。於法
堂上。從東過西。從西過東。霜云。作什麼。源云。覓
先師靈骨。霜云。洪波浩渺白浪滔天。覓什麼先師靈
骨。源云。正好著力。太原孚云。先師靈骨猶在。

道吾不道, 2.6×2.6

제56칙

흠산[67]의 '화살 하나'
欽山一鏃

양(良)스님이 흠산스님에게 물었다.

"화살 하나로 세 관문을 동시에 뚫으면 어떻습니까?"

흠산이 말했다.

"관문 속의 주인을 잡아내어야지!"

양스님이 말했다.

"그러면 잘못을 알고 고쳐야지요."

흠산이 말했다.

"언제까지 기다려야 하는가?"

양스님이 말했다.

"화살은 잘 쏘았는데, 잘 맞진 않았군요."

라고 말하고 있다가 바로 나가버렸다.

흠산이 말했다.

"잠깐! 스님?"

양스님이 머리를 돌리자, 흠산이 멱살을 잡고 말하길,

"화살촉 하나로 세 관문 뚫는 것은 그만두고, 나에게

화살을 쏘아 보거라!"

양스님이 우물쭈물하자, 흠산이 일곱 방망이를 때리며 말하길,

"보니, 이놈은 30년을 더 공부해야겠군."

擧。良禪客問欽山。一鏃破三關時如何。山云。放出關中主看。良云。恁麽則知過必改。山云。更待何時。良云。好箭放不著所在便出。山云。且來闍黎。良回首。山把住云。一鏃破三關卽且止。試與欽山發箭看。良擬議。山打七棒云。且聽這漢疑三十年。

欽山一鏃, 2.2×2.2

제57칙

조주의 '분별하지 않음'
趙州不揀

한 스님이 조주스님에게 물었다.

"'지극한 도는 어려움이 없으니, 오직 가리고 선택하지 않으면 된다.'라고 하는데, 어떤 것이 가리고 선택하지 않는 것입니까?"

조주가 말했다.

"이 세상에서 오직 나만 홀로 귀하니라."

스님이 말하길,

"이것 또한 가리고 선택하는 것입니다."

조주가 말했다.

"이 멍청한 놈! 어느 것이 가리고 선택하는 것이 있단 말인가!"

그 스님이 말이 없었다.

擧。僧問趙州。至道無難唯嫌揀擇。如何是不揀擇。州云。天上天下唯我獨尊。僧云。此猶是揀擇。

州云。田厙奴。什麼處是揀擇。僧無語。

趙州不揀, 2.7×2.9

제58칙

조주의 '함정'
趙州窠窟

한 스님이 조주스님에게 물었다.

"'지극한 도는 어려움이 없으니, 오직 가리고 선택하지 않으면 된다.'라고 하는데, 요즘 사람들이 너무 빠져있는 것 아닙니까?"

조주가 말했다.

"일찍이 사람들이 나에게 물은 적이 있었는데, 5년이 지났는데도 하나하나 설명할 수가 없다네."

擧。僧問趙州。至道無難唯嫌揀擇。是時人窠窟否。州云。曾有人問我。直得五年分疏不下。

趙州窯窟, 2.5×2.5

제59칙

조주의 '도에 이르는 것'
趙州至道

한 스님이 조주스님에게 물었다.

"'지극한 도는 어렵지 않으니, 오직 가리고 선택하지 않으면 된다.'라고 하는데, 말하는 자체가 가리고 선택하는 것인데, 스님께서는 사람들에게 어찌 ⁽지도를⁾ 하시겠습니까?"

조주가 말했다.

"어째서 이 말을 전부 인용하지 않는가?"

스님이 말했다.

"여기까지만 외우고 있습니다."

조주가 말했다.

"그래서 '지극한 도는 어려움이 없으니, 오직 가리고 택하지 않으면 된다'는 것이다."

擧。僧問趙州。至道無難。唯嫌揀擇。纔有語言是揀擇。和尙如何爲人。州云。何不引盡這語。僧云。

某甲只念到這裏。州云。只這至道無難唯嫌揀擇。

趙州至道, 3×3

제60칙

운문의 '주장자[68]'
雲門拄杖

운문스님이 주장자를 들고 대중에게 법문하였다.

"주장자가 용으로 변해서 하늘과 땅을 삼켜버렸으니, 산하대지를 어디에서 찾겠는가?"

擧。雲門以拄杖示衆云。拄杖子化爲龍。吞卻乾坤了也。山河大地甚處得來。

雲門拄杖, 2.6×2.6

제61칙

풍혈의 '티끌 하나'
風穴一塵

풍혈스님이 대중들에게 법문을 하였다.

"티끌 하나가 일면 국가가 흥성하고, 한 티끌이 일지 않으면 국가가 망한다."

설두스님이 주장자를 들고 말하길,

"함께 살고, 함께 죽을 수행자가 어디 있는가?"

擧。風穴垂語云。若立一塵。家國興盛。不立一塵。家國喪亡。雪竇拈拄杖云。還有同生同死底衲僧麼。

風穴一塵, 2.5×2.5

제62칙

운문의 '보물 한 가지'
雲門一寶

운문스님이 대중에게 법문하였다.

"하늘과 땅 안, 우주 사이에 보물이 하나 있으니, 우리 몸속에 숨겨져 있다. 등불을 들고 법당 안으로 들어갈 때, 절 대문을 그 위에 올리고 갔었지!"

擧。雲門示衆云。乾坤之內。宇宙之間。中有一寶。祕在形山。拈燈籠向佛殿裏。將三門來燈籠上。

雲門一寶, 2.5×2.5

제63칙

남전의 '고양이를 베다'
南泉斬猫

　남전 문하에서 하루는 동당(東堂)과 서당(西堂)의 스님들
이 고양이를 가지고 다투었다. 남전이 보고는 고양이를
잡아들고서 말했다.

　"한마디 한다면 고양이를 죽이지 않겠다."

　대중들이 말을 못 하자, 남전이 고양이를 두 동강이 내
버렸다.

　擧。南泉一日東西兩堂爭貓兒。南泉見遂提起云。
道得卽不斬。衆無對。泉斬貓兒爲兩段。

南泉斬猫, 3×3

제64칙

조주의 '짚신을 머리 위에 올리다'
趙州戴鞋

　남전스님이 다시 앞의 이야기를 들어 조주에게 물으니, 조주가 바로 짚신을 벗어 머리 위에 이고 나가 버렸다. 남전이 말하길,

　"그대가 (그 자리에) 있었다면 고양이를 살릴 수 있었을 것인데."

　擧。南泉復擧前話。問趙州。州便脫草鞋。於頭上戴出。南泉云。子若在。恰救得貓兒。

趙州戴鞋, 2.5×2.3

제65칙

세존의 '침묵'
世尊良久

다른 종교인이 부처님에게 물었다.

"묻지 않아도 말씀을 하십니까, 묻지 않으면 말씀하지 않으십니까?"

부처님이 물끄러미 바라보기만 하셨다. 다른 종교인이 찬탄하며 말하길,

"부처님의 큰 자비로 저의 어리석은 구름을 걷어 저를 깨달음에 들게 해주셨습니다."

다른 종교인이 떠난 뒤에 아난이 부처님에게 여쭈었다.

"다른 종교인이 무엇을 체득했기에 깨달음에 들었다고 합니까?"

부처님께서 말씀하셨다.

"세상의 훌륭한 말은 채찍 그림자만 봐도 달리는 것과 같으니라."

舉。外道問佛。不問有言。不問無言。世尊良久。外道讚歎云。世尊大慈大悲。開我迷雲。令我得入。外道去後阿難問佛。外道有何所證。而言得入。佛云。如世良馬見鞭影而行。

世尊良久, 3×3

제66칙

암두의 '고함소리'
巖頭作团

암두스님이 한 스님에게 물었다.

"어디서 오는가?"

스님이 말했다.

"장안(長安)에서 왔습니다."

암두가 말했다.

"황소(黃巢)의 난(69)이 끝난 뒤에 칼을 돌려받았는가?"

스님이 말했다.

"받았습니다."

암두가 목을 그 스님 가까이 내밀며 '억!'하고 고함을 치니 그 스님이 말했다.

"스님의 머리가 떨어졌습니다."

암두가 '하하!' 크게 웃었다. 그 스님이 후에 설봉이 계시는 곳에 이르자, 설봉스님이 물었다.

"어디에서 오는 길인가?"

스님이 말했다.

"암두스님 회상에서 왔습니다."

설봉이 말했다.

"(암두스님이) 무슨 말을 하던가?"

스님이 앞의 이야기를 말씀드리자, 설봉이 30 방망이를 때리고는 쫓아내 버렸다.

舉。巖頭問僧什麼處來。僧云。西京來。頭云。黃巢過後。還收得劍麼。僧云。收得。巖頭引頸近前云。囚。僧云。師頭落也。巖頭呵呵大笑。僧後到雪峰。峰問。什麼處來。僧云。巖頭來。峰云。有何言句。僧舉前話。雪峰打三十棒趕出。

巖頭作団, 3×3

제67칙

부대사[70]가 경상을 치다
傅大士揮案

양무제가 부(傅)대사에게 금강경 강의를 부탁하니, 부대사가 법상에 올라 경상을 한번 치고는 내려왔다. 양무제가 놀라니, 지공스님이 물었다.

"폐하! 아시겠습니까?"

무제가 말하길,

"모르겠습니다."

지공이 말했다.

"대사의 강의는 끝났습니다."

擧。梁武帝請傅大士講金剛經。大士便於座上。揮案一下。便下座。武帝愕然。誌公問。陛下還會麼。帝云。不會。誌公云。大士講經竟。

傳大士揮案, 3×3

제68칙

혜적과 혜연
惠寂惠然

앙산스님이 삼성에게 물었다.

"그대의 이름이 무엇인가?"

삼성이 말했다.

"혜적(慧寂)입니다."

앙산이 말했다.

"혜적은 나다."

삼성이 말했다.

"제 이름은 혜연(慧然)입니다."

앙산이 '하하'하며 크게 웃었다.

擧。仰山問三聖。汝名什麽。聖云。惠寂。仰山云。
惠寂是我。聖云。我名惠然。仰山呵呵大笑。

惠寂惠然, 2.6×2.6

제69칙

남전의 '일원상'
南泉圓相

남전, 귀종[71], 마곡[72]스님이 함께 혜충국사를 뵈러 갔다.
가는 중에 남전이 땅 위에 동그라미 하나를 그려놓고 말
하길,

"한마디 하면 가겠다."

귀종이 일원상 가운데 앉았고 마곡은 바로 여인처럼
절을 했다. 남전이 말했다.

"이렇게 하면 가지 않겠다."

귀종이 말했다.

"이 무슨 행동인가?"

擧。南泉歸宗麻谷。同去禮拜忠國師。至中路。南
泉於地上。畫一圓相云。道得卽去。歸宗於圓相中
坐。麻谷便作女人拜。泉云。恁麼則不去也。歸宗
云。是什麼心行。

南泉圓相, 3×3

제70칙

위산의 '(목도 입도) 모두 닫아버리다'
潙山併却

위산(山)과 오봉(五峯), 운암(雲巖)[73]이 함께 백장스님을 모시고 서 있었는데, 백장이 위산에게 물었다.

"목구멍과 입술을 모두 닫아버리고 어떻게 말을 하겠는가?"

위산이 말했다.

"스님께서 말해 보시지요?"

백장이 말했다.

"내가 그대에게 말하는 것은 사양하지 않겠으나, 훗날 내 자손을 잃을까 걱정이 되는구나."

舉。潙山五峰雲巖。同侍立百丈。百丈問潙山。併卻咽喉脣吻。作麼生道。潙山云。卻請和尙道。丈云。我不辭向汝道。恐已後喪我兒孫。

潙山倂却, 3×3

제71칙

오봉의 '(목도 입도) 모두 닫아버리다'
五峰倂卻

백장스님이 다시 오봉에게 물었다.

"목구멍과 입술을 모두 닫아버리고 어떻게 말을 하겠는가?"

오봉이 말했다.

"스님께서도 또한 모두 닫으십시오!"

백장스님이 말했다.

"사람이 없는 곳에서 이마로 볕을 가리고 그대를 바라보겠노라."

擧。百丈復問五峰。倂卻咽喉唇吻。作麼生道。峰云。和尙也須倂4。丈云。無人處斫額望汝。

五峰併卻, 2.5×2.5

제72칙

운암의 '(목도 입도) 모두 닫아버리다'
雲巖倂却

백장스님이 다시 운암에게 물었다.

"목구멍과 입술을 모두 닫아버리고 어떻게 말을 하겠는가?"

운암이 말했다.

"스님께서도 그리 못하지 않습니까?"

백장스님이 말했다.

"내 후손을 잃었군!"

擧。百丈又問雲巖。倂却咽喉脣吻。作麼生道。巖云。和尙有也未。丈云。喪我兒孫。

雲巖併却, 3×3

제73칙

마조의 '백 가지 아닌 것'
馬祖百非

한 스님이 마조스님에게 물었다.

"쓸데없는 말은 치우고 달마가 서쪽에서 오신 뜻을 바로 가르쳐 주십시오."

마조가 말했다.

"오늘 피곤해서 그대에게 말할 수가 없네. 지장(智藏)[74]에게 가서 물어보게!"

그 스님이 지장스님에게 가서 질문하니, 지장이 말했다.

"어찌 (마조)스님께 묻지 않는가?"

스님이 말하길,

"스님께서 가르쳐 주신다고 물어보라 하셨습니다."

지장이 말했다.

"나는 오늘 머리가 아파 그대에게 말할 수 없으니, 회해(懷海) 사형에게 물어보게!"

그 스님이 회해에게 가서 묻자, 회해가 말하길,

"나는 그 일에 대해서는 전혀 아는 것이 없네."

그 스님이 이러한 이야기를 마조스님께 말하니 말씀하
시길,

"지장의 머리는 희고, 회해의 머리는 검더라."

擧。僧問馬大師。離四句絶百非。請師直指某甲西
來意。馬師云。我今日勞倦。不能爲汝說。問取智藏
去。僧問智藏。藏云。何不問和尙。僧云。和尙敎來
問。藏云。我今日頭痛。不能爲汝說。問取海兄去。
僧問海兄。海云。我到這裏卻不會。僧擧似馬大師。
馬師云。藏頭白海頭黑。

馬祖百非, 2.8×2.8

제74칙

금우[75]가 춤을 추다
金牛作舞

금우스님이 매번 점심시간만 되면 스스로 밥통을 들고 승당 앞에서 춤을 추면서 '하하!' 크게 웃으며 말하길,
"보살들이여! 밥 먹으러 오시오."

설두스님이 말했다.
"비록 이처럼 했지만 금우는 좋은 마음은 아니다."

어떤 스님이 장경스님에게 물었다.
"옛사람들이 말하길, '보살들이여! 밥 먹으러 오시오.' 라고 말한 의미는 무엇입니까?"
장경스님이 말했다.
"마치 점심을 먹으면서 매우 기뻐하고 찬탄하는 것과 같다네."

擧。金牛和尙每至齋時。自將飯桶。於僧堂前作

舞。呵呵大笑云。菩薩子喫飯來。雪竇云。雖然如
此。金牛不是好心。僧問長慶。古人道。菩薩子喫飯
來。意旨如何。慶云。大似因齋慶讚。

金牛作舞, 2.8×2.8

정주의 '법도'
定州法道

한 스님이 정주스님 문하에 있다가 오구[76]스님에게 와서 묻기를,

"정주의 법도가 여기와 무엇이 비슷한가?"

스님은 말했다.

"여기와 다르지 않습니다."

오구가 말하길,

"다르지 않다면 거기로 돌아가거라!"

하면서 (몽둥이로) 때렸다. 스님이 말하길,

"몽둥이에도 눈이 있는데, 너무 쉽게 사람을 때리지 마십시오."

오구가 말했다.

"오늘은 한 놈만 때린다."

하면서 또 세 번이나 때렸다. 그 스님이 바로 밖으로 나갔다. 오구가 말하길,

"억울하게 방망이를 맞는 사람이 있지!"

스님이 몸을 돌리며 말했다.

"방망이가 스님의 손안에 있는데 어찌합니까?"

오구가 말했다.

"그대가 필요하다면 돌려줄 수 있다."

그 스님이 앞에 가까이 가서 오구의 손에 있는 방망이를 빼앗아 오구를 세 번 때리니 오구가 말했다.

"억울하다! 억울해!"

그 스님이 말하길,

"어떤 사람이든 맞을 수 있지요."

오구가 말했다.

"막 때리는 놈이군!"

스님이 바로 예를 올리니, 오구가 말했다.

"스님은 이렇게 해 놓고 가시는 겁니까!"

그 스님이 크게 웃으며 나가니, 오구가 말했다.

"이런! 이런!"

舉。僧從定州和尙會裏。來到烏臼。烏臼問。定州
法道何似這裏。僧云。不別。臼云。若不別更轉彼中
去。便打。僧云。棒頭有眼。不得草草打人。臼云。今
日打著一箇也。又打三下。僧便出去。臼云。屈棒元
來有人喫在。僧轉身云。爭奈杓柄。在和尙手裏。臼
云。汝若要山僧回與汝。僧近前奪臼手中棒。打臼三

下。臼云。屈棒屈棒。僧云。有人喫在。臼云。草草打著箇漢。僧便禮拜。臼云。和尚卻恁麽去也。僧大笑而出。臼云。消得恁麽。消得恁麽。

定州法道, 2.8×2.8

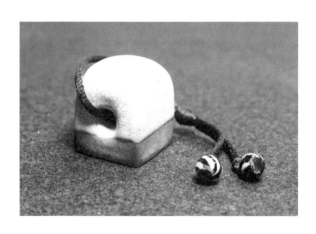

제76칙

밥 먹을 안목을 갖추다
喫飯具眼

단하[7]스님이 한 스님에게 물었다.

"어디서 왔는가?"

스님은 대답했다.

"산 아래에서 왔습니다."

단하가 말했다.

"밥은 먹었는가?"

스님이 대답했다.

"먹었습니다."

단하가 말했다.

"밥을 가져와 그대에게 먹도록 한 사람은 어떤 안목을 갖추었는가?"

그 스님이 말이 없었다.

(약 백 년 후 이 일을 가지고) 장경스님이 보복스님에게 물었다.

"다른 사람에게 밥을 먹게 했으니 은혜를 갚을 자격이 있는데, 왜 안목을 갖추지 못했다고 했을까?"

보복이 말했다.

"준 사람이나 받은 사람이나 둘 다 눈먼 놈이다."

장경이 말했다.

"노력을 다했는데 눈먼 사람이라니요."

보복이 말했다.

"내가 눈먼 사람이란 말인가?"

舉。丹霞問僧。甚處來。僧云。山下來。霞云。喫飯
了也未。僧云。喫飯了。霞云。將飯來與汝喫底人。
還具眼麼。僧無語。長慶問保福。將飯與人喫。報恩
有分。爲什麼不具眼。福云。施者受者二俱瞎漢。長
慶云。盡其機來。還成瞎否。福云。道我瞎得麼。

喫飯具眼, 3×3

제77칙

운문의 '호떡'
雲門餬餅

한 스님이 운문스님에게 물었다.

"어떤 것이 부처와 조사를 넘어서는 말씀입니까?"

운문이 말했다.

"호떡이니라."

擧。僧問雲門。如何是超佛越祖之談。門云。餬
餅。

雲門餬餅, 2.6×2.6

제78칙

보살과 물의 인연
開士[78] 水因

옛날에 16명의 보살이 있었는데, 스님들을 목욕할 때 따라 들어갔다가 홀연히 물의 인연을 깨달았다. 여러 선덕[79]들이여! 저들이 무엇을 깨쳤는지 알겠는가? 그들이 '묘한 감촉 밝게 빛나며, 부처가 되었네.'라고 말한 것을. 이는 모름지기 종횡무진해야만 비로소 알 수 있으리라.

擧。古有十六開士。於浴僧時隨例入浴。忽悟水因。諸禪德作麼生會。他道妙觸宣明。成佛子住。也須七穿八穴始得。

開士水因, 2.7×2.7

투자의 '최고진리'
投子第一義

한 스님이 투자스님에게 물었다.

"모든 것이 부처의 소리라는데, 그렇습니까?"

투자가 말했다.

"그렇다."

그 스님이 말했다.

"스님께서는 김빠지는 소리 하지 마십시오."

투자가 바로 때렸다. (그 스님이) 다시 물었다.

"거친 말과 부드러운 말 모두 근본의 진리로 돌아간다
는데 그렇습니까?"

투자가 말했다.

"그렇지."

스님이 말했다.

"스님을 나귀라 불러도 괜찮겠습니까?"

투자가 바로 때려버렸다.

舉。僧問投子。一切聲是佛聲是否。投子云。是。僧
云。和尙莫屎沸碗鳴聲。投子便打。又問。麤言及細
語皆歸第一義。是否。投子云。是。僧云。喚和尙作
一頭驢得麼。投子便打。

投子第一義, 2.6×2.6

제80칙

세찬 물 위로 공을 치다
急水上打毬

한 스님이 조주스님에게 물었다.

"갓 태어난 아이는 육식(눈, 귀, 코, 입, 몸, 뜻)[80]을 갖추고 있습니까?"

조주가 말했다.

"세찬 물 위에서 공을 치는 것이니라."

그 스님은 다시 투자스님을 찾아가 물었다.

"세찬 물 위에서 공을 친다는 뜻이 무엇입니까?"

투자가 말했다.

"생각 생각이 멈추지 않고 흐른다는 뜻이니라."

擧。僧問趙州。初生孩子。還具六識也無。趙州
云。急水上打毬子。僧復問投子。急水上打毬子。意
旨如何。子云。念念不停流。

急水上打毬, 2.6×2.6

제81칙

약산이 큰 사슴을 쏘다
藥山射塵

한 스님이 약산스님에게 물었다.

"절 앞 초원에 사슴 무리들이 있는데, 어찌하면 화살로 가장 큰 사슴을 맞출 수 있습니까?"

약산이 말했다.

"화살을 잘 보거라!"

스님이 몸을 던져 쓰러지자, 약산이 말했다.

"시자야! 이 죽은 놈을 끌어내라!"

그 스님이 바로 도망치자, 약산이 말했다.

"흙덩어리나 갖고 노는 놈을 어찌할꼬!"

설두스님이 이 이야기를 들어 말하길,

"세 걸음까지는 살았다고 해도 다섯 걸음에 반드시 죽는다."

擧。僧問藥山。平田淺草塵鹿成群。如何射得塵中

塵。山云。看箭。僧放身便倒。山云。侍者拖出這死
漢。僧便走。山云。弄泥團漢有什麼限。雪竇拈云。
三步雖活五步須死。

藥山射塵, 2.6×2.6

제82칙

대룡[81]의 법신
大龍法身

어떤 스님이 대룡스님에게 물었다.

"몸(色身[82])은 부서져 없어지겠지만, 어떤 것이 견고한 진리의 몸입니까?"

대룡이 말했다.

"산엔 꽃 피어 비단 같고, 골짜기 물은 맑아 쪽빛 같다."

擧。僧問大龍。色身敗壞。如何是堅固法身。龍云。山花開似錦。澗水湛如藍。

大龍法身, 3×3

제83칙

오래된 불상과 법당 안의 기둥
古佛露柱

운문스님이 대중들에게 법문하면서 말하길,

"불상과 기둥이 서로 교류하는데, 이것이 어느 정도의 경지입니까?"

운문이 스스로 대답했다.

"남산에 구름이 일고, 북산에 비 내리네."

擧。雲門示衆云。古佛與露柱相交。是第幾機。自代云。南山起雲北山下雨。

古佛露柱, 2.7×2.7

제84칙

유마⁸³⁾의침묵
維摩默然

유마힐이 문수사리에게 물었다.

"어떤 것이 보살이 둘이 아닌 진리의 문에 들어가는 것입니까?"

문수가 말했다.

"내 생각으로는 모든 진리는 말로 설명할 수 없고, 보여줄 수 없으며 알 수도 없고, 모든 물음과 답을 떠난 이것이 둘이 아닌 진리의 문에 들어가는 것입니다."

이에 문수사리가 유마힐에게 물었다.

"우리는 각자의 설명을 마쳤으니, 유마힐께서 말씀하십시오. 어떤 것이 보살이 둘이 아닌 진리의 문에 들어가는 것입니까?"

설두스님이 말했다.

"유마가 무슨 말을 했는가!"

설두가 다시 말하길,

"완전히 파악해 버렸군."

擧。維摩詰問文殊師利。何等是菩薩入不二法門。文殊曰。如我意者。於一切法。無言無說。無示無識。離諸問答。是爲入不二法門。於是文殊師利問維摩詰。我等各自說已。仁者當說。何等是菩薩入不二法門。雪竇云。維摩道什麼。復云。勘破了也。

維摩默然, 2.4×2.4

제85칙

동봉[84]의 '호랑이 울음소리'
桐峰虎聲

한 스님이 동봉암 주인 처소에 와서 이르러 물었다.

"여기서 갑자기 호랑이를 만나면 어찌하시겠습니까?"

동봉스님이 갑자기 호랑이 소리를 내니, 그 스님은 바로 겁먹은 모습을 하였다. 동봉이 하하! 크게 웃자, 그 스님이 말하길,

"이 늙은 도둑놈아!"

동봉이 말했다.

"노승을 어찌할 것인가?"

그 스님은 조용히 가버렸다.

설두스님이 말했다. "옳기는 옳지만, 둘 다 나쁜 도둑놈들이로다! 그저 귀를 막고 방울만 훔칠 줄 아는구나!"

舉。僧到桐峰庵主處便問。這裏忽逢大蟲時。又作麼生。庵主便作虎聲。僧便作怕勢。庵主呵呵大笑。

僧云。這老賊。庵主云。爭奈老僧何。僧休去。雪竇
云。是則是兩箇惡賊。只解掩耳偸鈴。

桐峰虎聲, 2.5×2.6

제86칙

부엌과 대문
廚庫三門

운문스님이 법문하면 말하길,

"사람마다 모두 광명을 가지고 있으나, 보면 보이지 않고 어두울 뿐이다. 어떤 것이 모든 사람들에게 있는 광명인가?"

스스로 대답하길,

"부엌과 세 가지 큰 대문이로다."

또 말하길,

"좋은 일도 없는 것만 못하다."

擧。雲門垂語云。人人盡有光明在。看時不見暗昏昏。作麼生是諸人光明。自代云。廚庫三門。又云。好事不如無。

廚庫三門, 3×3

제87칙

운문의 '자기 자신'
雲門自己

운문스님이 대중에게 법문하기를,

"약과 병이 서로 다스려 온 대지가 약인데, (그렇다면) 무엇이 자기 자신인가?"

擧。雲門示衆云。藥病相治。盡大地是藥。那箇是自己。

雲門自己, 3×3

제88칙

현사[85]의 '세 가지 병'
玄沙三病

현사스님이 대중들에게 법문하며 말하길,

"모든 총림의 큰스님들께서 모두 중생들을 이롭게 하고자 하는데, 만약 세 종류의 병이 있는 사람이 찾아올 때는 어떻게 맞아야 하는가? 눈이 먼 이는 방망이를 잡고 불자를 들어 보여도 볼 수 없고, 귀가 먼 이는 말에 집중하려 해도 또한 들을 수 없으며, 말을 못 하는 이는 가르쳐도 말을 할 수가 없다. 이런 이들을 어찌 지도하겠는가? 만약 이 사람들을 가르칠 수 없다면 부처님 법의 영험함은 없는 것이다."

한 스님이 운문스님에게 (이 이야기를 들어) 가르침을 청하자 운문이 말하길,

"그대는 절을 하거라!"

그 스님이 절하고 일어나자, 운문이 그 스님을 주장자로 때리니 스님이 뒤로 물러났다. 운문이 말했다.

"그대는 눈이 멀지 않았군!"

다시 가까이 오라 부르니 스님이 다가오자, 운문이 말했다.

"귀가 먹은 건 아니군!"

이에 운문이 말하길,

"알았는가?"

스님이 말하길,

"모르겠습니다."

운문이 말하길,

"그대는 말 못 하는 사람은 아니군!"

그 스님이 이에 느낀 바가 있었다.

擧。玄沙示衆云。諸方老宿。盡道接物利生。忽遇三種病人來。作麼生接。患盲者。拈鎚豎拂。他又不見。患聾者。語言三昧。他又不聞。患啞者敎伊說。又說不得。且作麼生接。若接此人不得。佛法無靈驗。僧請益雲門。雲門云。汝禮拜著。僧禮拜起。雲門以拄杖挃。僧退後。門云。汝不是患盲。復喚近前來。僧近前。門云。汝不是患聾。門乃云。還會麼。僧云。不會。門云。汝不是患啞。僧於此有省。

玄沙三病, 2.5×2.5

제89칙

대비관음보살의 손과 눈
大悲手眼

운암스님이 도오스님께 물었다.

"대비보살이 많은 손과 눈을 사용해서 무엇을 합니까?"

도오스님이 말했다.

"마치 사람이 한밤중에 등으로 손을 뻗어 베개를 더듬는 것과 같다네."

운암이 말했다.

"제가 알았습니다."

도오스님이 말했다.

"그대는 무얼 알았단 말인가?"

운암이 말했다.

"몸 곳곳이 손과 눈입니다."

도오스님이 말했다.

"말은 멋진 말이지만 단지 10분의 8 정도 말했을 뿐이네."

운암이 말했다.

"사형은 어떻습니까?"

도오스님이 말했다.

"온몸이 모두 손과 눈이지!"

　擧。雲巖問道吾。大悲菩薩。用許多手眼作什麼。
吾云。如人夜半背手摸枕子。巖云。我會也。吾云。汝
作麼生會。巖云。遍身是手眼。吾云。道卽太殺道。
只道得八成。巖云。師兄作麼生。吾云。通身是手
眼。

大悲手眼, 2.3×2.3

제90칙

지문의 '지혜'
智門般若

한 스님이 지문스님에게 물었다.

"어떤 것이 지혜의 본체입니까?"

지문스님이 대답했다.

"큰 조개가 밝은 달을 삼킨다."

스님은 말했다.

"무엇이 지혜의 작용입니까?"

지문스님이 말했다.

"토끼가 새끼를 배었다."

擧。僧問智門。如何是般若體。門云。蚌含明月。
僧云。如何是般若用。門云。兎子懷胎。

智門般若, 2.5×2.5

제91칙

염관⁸⁶⁾의 '무소뿔'
鹽官犀扇子

염관스님이 하루는 시자를 불렀다.

"나에게 무소뿔 부채를 가져오너라!"

시자가 말했다.

"부채가 부러졌습니다."

염관이 말했다.

"부채가 이미 부서졌다면 나에게 무소를 돌려 다오."

시자가 대답이 없었다.

(훗날 이 일에 대해)

투자스님이 말했다.

"사양하지 않고 갖다드리겠지만, 뿔이 온전하지 않을까 걱정입니다."

설두스님이 (투자를) 평하길, "나는 온전하지 않은 뿔을 원한다."

석상스님이 말했다.

"스님께 돌려 드리려 하나 이미 없다."

설두스님이 (석상을) 평하길, "무소는 그대로 있다."

자복스님은 동그라미 하나를 그리고, 그 가운데 우(牛)
자를 썼다.

설두스님이 (자복을) 평하길, "조금 전에는 왜 내놓지 않
았는가!"

보복스님이 말했다.

"스님은 연세가 많으니 따로 다른 사람에게 부탁하는
게 좋겠습니다."

설두스님이 (보복을) 평하길, "노력했지만 자랑할 일이 없
는 것이 아깝다."

擧。鹽官一日喚侍者。與我將犀牛扇子來。侍者
云。扇子破也。官云。扇子旣破。還我犀牛兒來。侍
者無對。投子云。不辭將出。恐頭角不全。雪竇拈
云。我要不全底頭角。石霜云。若還和尙卽無也。雪
竇拈云。犀牛兒猶在。資福畫一圓相。於中書一牛
字。雪竇拈云。適來爲什麼不將出。保福云。和尙年
尊。別請人好。雪竇拈云。可惜勞而無功。

鹽官犀扇子, 2.9×2.9

제92칙

세존께서 법좌에 오르시다
世尊陞座

세존께서 하루는 법문을 하기 위해 법좌에 오르셨다.
문수보살이 종을 쳐 알리며 말하길,

"세존의 법을 자세히 살펴보라. 세존의 법은 이와 같다."
세존께서 바로 법좌에서 내려오셨다.

擧。世尊一日陞座。文殊白槌云。諦觀法王法。法
王法如是。世尊便下座。

世尊陞座, 3×3

제93칙

대광[87]이 춤을 추다
大光作舞

한 스님이 대광스님께 물었다.

"장경스님이 '점심을 먹으면서 매우 기뻐하고 찬탄하도다.'라고 말한 의미는 무엇입니까?"

대광이 춤을 추니 그 스님이 절을 올렸다. 대광이 말했다.

"본 것이 어떤 것이길래 바로 절을 하는가?"

그 스님이 춤을 추니 대광이 말했다.

"이 여우 같은 놈!"

擧。僧問大光。長慶道。因齋慶讚。意旨如何。大光作舞。僧禮拜。光云。見箇什麽。便禮拜。僧作舞。光云。這野狐精。

大光作舞, 3×3

제94칙

능엄경의 '보이지 않는 곳'
楞嚴不見處

능엄경에 말하길,

"내가 보지 않을 때, (그대는) 어째서 내가 보지 않은 곳(不見處)을 보질 못하는가? 만약 (내가) 보지 않는 곳을 본다면, 당연히 그것은 보지 않는 모습이 아니다. 만약 내가 보지 않은 곳(不見地)을 보지 못한다면, 자연히 대상이 아니요, 어찌 그대가 아니리오!"

擧。楞嚴經云。吾不見時。何不見吾不見之處。若見不見。自然非彼不見之相。若不見吾不見之地。自然非物。云何非汝。

楞嚴不見處, 3×3

제95칙

보복의 '차나 마시게'
保福喫茶去

　장경스님이 언젠가 말하길,

　"차라리 아라한[88]에게 삼독(三毒)[89]이 있다고 말할지언정,
여래에게 두 종류 설법이 있다고 말해서는 안 된다. 여래
께서 말씀이 없었다고 말하는 것이 아니라, 그저 두 종류
의 말씀이 없었을 뿐이다."

　보복스님이 말했다.

　"어떤 것이 여래의 말씀인가?"

　장경스님이 말했다.

　"귀먹은 사람이 어찌 들을 수가 있겠는가?"

　보복스님이 말했다.

　"그대가 제이의(第二義)에서 말한 것을 알아차렸다."

　장경스님이 말했다.

　"어떤 것이 여래의 말씀인가?"

　보복스님이 말했다.

　"차나 마시게!"

舉。長慶有時云。寧說阿羅漢有三毒。不說如來有
二種語。不道如來無語。只是無二種語。保福云。作
麼生是如來語。慶云。聾人爭得聞。保福云。情知爾
向第二頭道。慶云。作麼生是如來語。保福云。喫茶
去。

保福喫茶去, 3×3

제96칙

조주의 '세 가지 말씀'
趙州三轉語[90]

조주스님께서 (깨달음에 이르는) '세 가지 말씀'을 대중들에게
보이셨다.

擧。趙州示衆三轉語。

趙州三轉語, 2.8×2.8

제97칙

금강경의 '무시당하고 업신여겨짐'
金剛輕賤

금강경에서 말하길,

"만약 사람들에게 무시당하고 업신여겨질 때, 이 사람은 과거에 지은 죄업으로 응당 삼악도[91]에 떨어져야 하지만, 지금 세상 사람들에게 업신여김과 천대를 받았기 때문에, 과거에 지은 죄업이 곧 소멸한다."

擧。金剛經云。若爲人輕賤。是人先世罪業。應墮惡道。以今世人輕賤故。先世罪業。則爲消滅。

金剛輕賤, 2.6×2.6

제98칙

서원의 '두 번 틀림'
西院兩錯

천평[92]스님이 돌아다니면서 공부할 때, 서원[93]스님 문하에서 항상 말하길,

"부처님 법을 안다고 말하지 말라. 화두를 살피고자 하는 사람을 한 사람도 찾을 수가 없었다."

하루는 서원스님이 멀리서 보고 부르며 말하길,

"종의야!"

천평이 머리를 들자, 서원스님이 말하길,

"틀렸다!"

천평이 두세 걸음 걸어가자, 서원 화상이 또 말하길,

"틀렸다!"

천평이 앞으로 가까이 가자, 서원 스님이 말했다.

"조금 전에 두 번 틀렸다고 했는데, 이는 서원이 틀렸는가? 상좌가 틀렸는가?"

천평은 말하길,

"제가 틀렸습니다."

서원 스님이 말하길,

"(또) 틀렸다."

천평이 그만두려고 하자, 서원스님이 말하길,

"이제 여기에서 여름(안거)을 보내면서 상좌와 함께 두 번 틀린 것에 대해 살펴보도록 하자."

(그러나) 천평은 당시 바로 떠나버렸다. 후에 선원에 머물면서 대중들에게 말하길,

"내가 처음 이리저리 공부하러 다닐 때, 평소대로 사명 장로의 거처를 찾아가니, 연이어 두 번을 '틀렸다!'고 하면서, 나에게 남아서 하안거를 보내며 함께 머물며 (이 문제를) 살펴보자고 하였다. 나는 그때는 틀렸다는 것을 깨닫지 못했지만, 내가 (그곳을) 떠나 남쪽으로 갈 때 일찍이 틀렸다는 것을 깨달아 알게 됐다."

擧。天平和尙行脚時參西院。常云。莫道會佛法。覓箇擧話人也無。一日西院遙見召云。從漪。平擧頭。西院云。錯。平行三兩步。西院又云。錯。平近前。西院云。適來這兩錯。是西院錯。是上座錯。平云。從漪錯。西院云。錯。平休去。西院云。且在這裏過夏。待共上座商量這兩錯。平當時便行。後住院謂衆云。我當初行脚時。被業風吹。到思明長老處。連下兩錯。更留我過夏。待共我商量。我不道恁麼時錯。我發足向南方去時。早知道錯了也。

西院兩錯, 2.4×2.4

제99칙

혜충의 '부처님 몸'
慧忠十身調御

숙종황제가 혜충국사에게 물었다.

"어떤 것이 부처입니까?"

혜충국사가 말했다.

"황제시여! 비로자나의 정수리를 밟고 가십시오."

숙종황제가 말했다.

"저는 모르겠습니다."

혜충국사가 말했다.

"스스로가 맑은 부처님 몸을 안다고 말하지 마십시오."

擧。肅宗帝問忠問師。如何是十身調御。國師云。
檀越踏毘盧頂上行。帝云。寡人不會。國師云。莫認
自己淸淨法身。

慧忠十身調御, 2.8×2.8

제100칙

파릉의 '취모검[94]'
巴陵吹毛

한 스님이 파릉스님에게 물었다.

"어떤 것이 취모검입니까?"

파릉이 말했다.

"산호 가지가지마다 달이 걸렸다."

擧。僧問巴陵。如何是吹毛劍。陵云。珊瑚枝枝撑
著月。

巴陵吹毛, 2.5×2.5

1) 달마(達磨, 생몰 미상) : 인도의 승려로, 중국 남북조시대에 선종(禪宗)을 창시한 인물. 당시의 불교와는 달리 좌선을 통하여 사상을 실천하는 새로운 불교를 강조했다. 중국 선종의 초조(初祖)이며, 그 법은 2대 혜가, 3대 승찬, 4대 도신, 5대 홍인, 6대 혜능으로 이어졌다.

2) 양무제(梁武帝, 464~549) : 중국 남북조 시대 양나라의 초대 황제. 불교를 황실에 적극적으로 수용하고 숭불 정책을 펼쳐 황제보살(皇帝菩薩)이라 부르기도 하였다.

3) 조주(趙州, 778~897) : 당(唐)의 승려. 산동성(山東省) 조주(曹州) 출신. 어려서 조주(曹州) 호통원(扈通院)에 출가하고, 남전 보원(南泉普願, 748~834)의 법을 이었다. 80세부터 하북성(河北省) 조주(趙州) 관음원(觀音院)에 머물면서 40년간 선풍(禪風)을 크게 떨쳤다.

4) 마조(馬祖, 709~788) : 중국 당나라의 선승(禪僧)으로 혜능(慧能) 문하 남악회양(南岳懷讓)의 법맥을 이었다. 그가 이룬 홍주종파(洪州宗派)는 후에 임제종(臨濟宗)으로 발전하였다. '평상심이 도(平常心是道)'임을 주창하였다.

5) 덕산(德山, 782~865) : 중국 당나라의 선승(禪僧)으로 『금강경』에 정통하여 '주금강(周金剛)'이라 불리었다. 뒤에 선(禪)을 닦아 용담숭신(龍潭崇信)과 혜능(慧能)의 제자인 청원행사(青原行思)의 법을 이었다. 엄격한 수행으로 유명하며 제자를 가르칠 때 몽둥이를 잘 썼으므로 '임제(臨濟)의 할(喝:가르칠 때 고함을 질러 불법의 세계로 이끄는 것)과 덕산의 방(棒:가르칠 때 몽둥이로 때리는 것)'이라는 말이 나왔다.

6) 위산(潙山, 771~853) : 백장회해(百丈懷海)의 법을 이어 중국 선종(禪宗)의 5가(五家)의 하나인 위앙종의 시조가 되었다. 위산에서 7년 동안 법을 닦아 위산이라는 법호를 얻었다. 15세 때 출가하여 한산(寒山)·습득(拾得)과 만났으며, 나중에 백장회해(百丈懷海)의 법을 이었다. 위산은 인적이 드문 깊은 산속이었으나 그의 덕을 흠모하여 많은 수행승(修行僧)이 찾아와 선풍(禪風)을 크게 떨쳤다.

7) 설봉(雪峰, 822~908) : 당나라 때의 선승(禪僧). 일찍이 설봉산(雪峰山)에서 묵어 설봉이란 호를 썼다. 세칭(世稱) 설봉의존(雪峰義存)으로 불린다. 덕산선감

(德山宣鑑)의 법을 이었다.

8) 운문(雲門, 864~949) : 중국, 당말의 선승. 설봉의존(雪峰義存)의 법을 이어 운문산에 광태선원을 개설하였다. 문하에 우수한 제자가 나와 운문종(雲門宗)을 형성하였다. 그 특색은 상대방의 질문의 포인트를 잡은 간단명료한 어구에 있으며, 천자의 바람이라고 해서 그 어록이 존경되었다.

9) 법안(法眼, 885~958) : 선종오가(禪宗五家) 중 법안종(法眼宗)을 일으킨 송나라의 고승. 특히 선과 교를 융합하기 위해 노력하였다. 법안종은 선종오가 중 가장 나중에 성립되었으나 영향력은 가장 커서 중국 전역에 전파되었고, 고려 불교의 변혁에도 큰 영향을 끼쳤다.

10) 혜초(慧超, 생몰 미상) : 송대 법안종 승려로 법안문익의 법을 이었다.

11) 취암(翠巖, 생몰 미상) : 오대(五代) 때의 승려. 취암(翠嵒)으로도 쓰고, 법호(法號)는 영참(令參). 호주(湖州, 浙江) 오흥(吳興) 사람. 설봉의존(雪峰義存)의 법을 이었다. 명주(지금의 절강 영파) 취암산(翠巖山)에 거주하다가 후에 항주 용책(龍冊)으로 옮겼다가 열반하였다.

12) 목주(睦州, 780~877) : 당나라의 선승으로 황벽희운의 법을 이었다. 관음원에 머물렀고 후에 목주 개원사로 돌아가 어머니를 봉양하며 법을 펼쳤다.

13) 황벽(黃檗, ?~850) : 당나라 때의 선승. 어린 나이에 홍주(洪州) 황벽산(黃檗山)으로 출가. 백장회해(百丈懷海)의 법을 이었다. 제자로 임제의현(臨濟義玄)·목주도종(睦州道縱) 등이 있다.

14) 주조한(酒糟漢) : '술 찌꺼기 먹는 놈'으로 술에 취한 사람, 즉 어리석어 깨치지 못한 이를 빗대어서 하는 말이다.

15) 동산(洞山, 910~990) : 송나라 때 운문종의 선승. 16세에 출가, 장사(長沙)의 운문문언(雲門文偃)선사 문하에서 깨닫고 법을 이었다.

16) 파릉(巴陵, 생몰 미상) : 오대(五代)의 선승. 운문문언(雲門文偃)의 법을 이었다. 악주(嶽州) 파릉(巴陵) 신개원(新開院)에 주석했다고 해서 파릉선사라고 하였다.

17) 제바종(提婆宗) : 삼론종(三論宗)의 다른 이름으로, 공(空)을 중심으로 중도(中道)를 역설한 종파이다. 용수(龍樹)의 『중론(中論)』과 제바존자(提婆尊者)의

303

『백론(百論)』 등을 주요 경전으로 삼는 종파이다. 즉, 여기서는 '공(空)이 무엇인가?'에 대한 질문과 답이다.

18) 경청(鏡淸, 864~937) : 월승(吳越)의 선승. 어릴 적 출가하여 설봉(雪峰) 선사의 법을 이었다.

19) 향림(香林, 908~987) : 오대(五代) 운문종의 선승. 어릴 적 출가하여 운문문언(雲門文偃)의 문하에서 크게 깨치고 법을 이었다. 송(宋) 태조(太祖) 2년(964)에 청성산(靑城山) 향림원(香林院)으로 이주하여 주석하면서 운문의 종풍을 떨쳤다.

20) 서쪽에서 오신 뜻(西來) : 달마가 서쪽(인도)으로부터 중국으로 와서 법을 펼친 이유를 묻는 것으로 부처님 법의 근본 뜻이 무엇인가를 묻는 질문이며, 깨달음의 경계 혹은 깊이를 살필 때 묻는 질문이다.

21) 혜충(慧忠, ?~775) : 당나라의 승려로 6조 혜능(慧能)의 법을 이었다. 남양(南陽)의 백애산(白崖山)에 들어가 두문불출하다가 현종(玄宗) 이후 여러 황제들에게 존경을 받았다.

22) 이음새 없는 탑(縫塔) : 받침대[대좌, 臺座] 위에 달걀 모양의 몸체[탑신, 塔身]를 세워 형상이 새알 같아서 난탑(卵塔)이라고도 하며 한 덩어리의 돌로 이루어져 있다. 선승들의 표석으로 쓰인다. 즉, 견고한 돌을 깎아 둥글게 하니, 이어 붙이는 곳도, 뾰족한 곳도, 층도 없으니 '무봉탑'이라고 부른다.

23) 구지(俱胝, 생몰 미상) : 당대의 선승. 항주의 천룡(天龍)선사를 친견할 때, 천룡이 한 손가락을 세우자 크게 깨치니, 그로부터 후학들이 법(法)을 물으면 손가락 하나만 세웠다. 그러면서 "내가 천룡의 일지선(一指禪)을 얻었으나 평생 다 쓰지 못하는구나."라고 하였다.

24) 용아(龍牙, 835~923) : 당나라 조동종의 선승. 14세에 출가. 취미무학(翠微無學)과 임제의현(臨濟義玄)을 친견하였고, 덕산선사를 친견한 후 동산양개(洞山良价)선사를 친견하고 크게 깨달아 그의 법을 이었다. 후에 용아산(龍牙山)에 주석하여 법을 펼쳤다.

25) 취미(翠微, 생몰 미상) : 당나라 때의 선승. 단하천연(丹霞天然)을 법을 이었고, 종남산 취미사에 거주하였다.

26) 임제(臨濟, ?~867) : 당나라의 선승(禪僧). 임제종(臨濟宗)의 시조(始祖)이다. 20세에 출가하여 황벽희운 문하에서 크게 깨치고 법을 이었다. 진정부(真定府) 임제원(臨濟院)에 머물며 크게 법을 떨치며 많은 제자들을 길러냈고, 그의 문하는 후에 임제종(臨濟宗)이라 불리게 된다. 임제종은 조사선의 정점으로 가풍은 날카롭고 강렬한 큰 고함소리인 '할(喝)'을 사용하여 후학들을 깨침의 세계로 이끌었다. 덕산(德山) 선사의 '방(棒, 몽둥이)'과 함께 선종의 쌍벽을 이루었다. 현재 대한불교조계종의 근본도 임제종에 두고 있다.

27) 지문(智門, 생몰 미상) : 송나라 때 운문종의 선승. 운문의 법을 이은 징원(澄遠)에게 인가를 받고 그의 법을 이었다. 지문사(智門寺)에서 크게 법을 떨쳤다. 제자로 설두중현 등이 있다.

28) 독사[별비, 鼈鼻] : 코가 자라같이 생긴 독사로 물리면 치료가 불가능한 맹독을 가졌다. 선가에서는 본래면목에 비유하기도 한다. 여기서는 설봉 자신을 말한다.

29) 보복(保福, ?~928) : 오대의 선승. 15세에 설봉에게 출가하여 그의 법을 이었다. 보복원(保福院)에 거주하며 법을 펼쳤다.

30) 장경(長慶, 854~932) : 오대의 선승. 13세에 출가. 영운(靈雲)·설봉(雪峰)·현사(玄沙) 등에게 나아갔다. 설봉의 법을 이었다. 복주(福州; 복건) 장경원(長慶院)에서 법을 펼쳤다.

31) 묘봉정(妙峰頂) : 『화엄경』, 「입법계품(入法界品)」에 나오는 산의 명칭으로, 묘봉고정(妙峰高頂)에 사는 덕운(德雲)이라는 스님이 있었다. 선재(善財)동자가 만나려고 이 산에 올라 7일 동안 헤매도 만나지 못했는데 우연히 다른 봉우리에서 서로 만났다. 덕운은 선재를 위해 한 생각 속에 영원한 시간이 있다는 가르침을 설했고, 또 모든 부처님의 지혜와 그 지혜를 설할 수 있는 능력에 대해 설명해 주었다고 한다. 그런데 묘봉정을 한 번도 떠나지 않았다면서 어찌 다른 곳에서 만났는가에 대한 의문이 남는다. 이는 생각과 말로는 해결되지 않는 언어 문자를 초월해야 답을 구할 수 있을 듯하다.

32) 철마(鐵磨, 생몰 미상) : 당나라 때의 비구니 선승. 위산에서 10리 떨어진 곳에 작은 암자를 짓고 위산 영우에게 지도를 받았다.

33) 늙은 암소[지우, 牸牛] : 철마 비구니의 별칭

34) 연화봉 암자 주인 : 송나라 운문종의 선승이다.

35) 백장(百丈, 720~814) : 당나라의 선승. 마조도일(馬祖道一)의 법을 이었다. 마조 입적 후 백장산(百丈山)에 머물며 법을 펼쳤다. 백장청규(百丈淸規)를 만들어 대중이 '하루 일하지 않으면 하루 먹지 않는다'는 것을 실천하며 말년까지 일하며 쉬지 않았다고 한다.

36) 남전(南泉, 748~834) : 당나라 때의 선승. 마조도일(馬祖道一)의 법을 이었다. 남전산(南泉山)에 선원을 세우고 30여 년 동안 산을 벗어나지 않았다.

37) 백장(百丈, 생몰 미상) : 여기서는 앞에 언급된 백장회해가 아니라 백장열반(百丈涅槃) 즉, 법정(法正)을 말한다. 젊은 나이에 출가하여 열반경을 받들어 수행하여 사람들이 열반화상으로 불렀다. 백장회해에게 나아가 깨달음을 얻었으며 백장이 청규를 만들자 가장 모범되게 따랐다고 한다.

38) 대수(大隋, 834~919) : 당나라 때의 선승. 백장회해를 이은 대위(大潙)의 법을 이었다. 대수산(大隨山)에서 법을 펼쳤다.

39) 진주(鎭州) : 지금의 하북성 정정현(正定縣)을 말한다.

40) 마곡(麻谷, 생몰 미상) : 당나라 때의 선승. 마조도일의 법을 이었고, 마곡산에 거주하며 법을 펼쳤다.

41) 정상좌(定上座) : 후당(後唐)의 선승으로 임제의 법을 이었다.

42) 자복(資福, 생몰 미상) : 오나라 때의 위앙종 선승. 광목(光穆) 선사의 법을 이었다. 자복사에 거주하며 법을 펼쳤다.

43) 진조(陳操, 생몰 미상) : 당나라 때의 거사로, 목주자사와 상서의 벼슬까지 올랐다.

44) 앙산(仰山, 807~883) : 당나라 때의 선승. 위산 영우와 함께 위앙종(潙仰宗)의 개산조(開山祖)이다. 어릴 적 출가하여 위산영우(潙山靈祐)를 만나 도를 깨치고 그의 법을 이었다.

45) 오로봉(五老峰) : 여산(廬山)에 있는 산 이름.

46) 문수(文殊, 생몰 미상) : 문수사리(文殊師利) 혹은 묘덕(妙德)으로 불린다. 지혜(智慧)의 보살(菩薩)로 석가여래를 좌측에서 모시며, 오른쪽의 보현보살과 더

불어 삼존불(三尊佛)을 이룬다. 보통 오른손에 지검(智劍), 왼손에는 연꽃을 들고 있다.

47) 무착(無著, 생몰 미상) : 당나라 때의 승려로, 12세에 출가. 금릉 우두산의 충(忠) 선사 문하에게 크게 깨치고 법을 이었다. 대력(大曆) 2년(767) 오대산에 들어갔다가 문수를 만났다고 전해진다.

48) 장사(長沙, ?~868) : 당나라 때의 선승. 어릴 적 출가하여 남천보원(南泉普願) 선사 문하에서 수행하여 그의 법을 이었다. 호남의 장사(長沙)에 머물면서 법을 펼쳤다.

49) 반산(盤山, 생몰 미상) : 당나라 때의 선승. 마조도일의 법을 이었다. 반산(盤山)에 거주하며 법을 떨쳤다.

50) 풍혈(風穴, 896~973) : 북송 때 임제종의 선승. 어린 나이에 출가하여 남원혜옹공(南院慧顒公)의 법을 이었고, 여주(女州)의 풍혈고사(風穴古寺)에 머물며 법을 펼쳤다.

51) 영주(郢州) : 호북성의 영주를 말한다. 영도(郢都)라고도 불렸다.

52) 육긍(陸亘, 764~834)대부 : 당나라 때의 거사. 남전보원의 법을 이었다.

53) 조(肇, 384~414)법사 : 동진(東晉)의 승려. 유마경을 읽고 크게 느낀 바가 있어 출가하였다. 각종 경전에 매우 뛰어 났으며 『조론(肇論)』으로 유명해졌다.

54) 투자(投子, 819~914) : 당나라 때의 선승. 어린 나이에 출가하여 화엄경을 공부하다가 취미무학(翠微無學)을 만나 크게 깨치고 그의 법을 이었다. 투자산에 은거하며 법을 펼쳤다.

55) 방(龐, ?~808) : 방온(龐蘊)으로 당나라 때 이름을 떨친 거사. 마조(馬祖)를 친견하고 크게 깨쳤다.

56) 약산(藥山, 751~834) : 당나라 때의 선승. 17세에 출가. 석두희천(石頭希遷) 문하에서 깨쳤고, 마조(馬祖) 문하에서 크게 깨쳐 그의 법을 이었다. 약산(藥山)에 머물면서 법을 크게 떨쳤다.

57) 동산(洞山, 807~869) : 조동종으로 개창하였다. 남전보원(南泉普願), 위산영우(潙山靈祐) 등에게 배웠으며 운암담성(雲巖曇晟) 문하에서 크게 깨쳐 그의 법을 이었다. 강서(江西)의 동산(洞山)에서 법을 크게 떨쳤다.

58) 화산(禾山, 884~960) : 오나라 때의 선승. 7세에 설봉진각에게 출가. 화산(禾山) 대지원(大智院)에 주석하면 법을 펼쳤고, 이후, 여러 곳을 다니며 법을 펼쳤다.

59) 청주(靑州) : 산동(山東)성 중부에 있는 익도(益都)현을 말한다.

60) 태부(太傅, 886~930) : 무숙왕(武肅王) 왕심규(王審邽)의 장자 왕연빈(王延彬)을 말한다. 자는 표문(表文). 장경혜릉(長慶慧稜) 선사의 법을 이었다.

61) 혜랑(慧朗) : 오나라 때의 선승으로 장경혜릉의 법을 이었다.

62) 명초(明招) : 송나라 때의 선승. 나산도한(羅山道閑)의 법을 이었다. 명초산(明招山)에 머물면서 40여 년간 법을 펼쳤다. 왼쪽 눈이 없어 독안용(獨眼龍)이라 불렸다.

63) 삼성(三聖, 생몰 미상) : 당나라 때의 선승. 임제(臨濟)의 법을 이었다. 진주(鎭州) 삼성원(三聖院)에 머물러 법을 펼쳤다. 앙산(仰山)·덕산(德山)·설봉(雪峰) 등의 선사들을 친견하고 법을 물었다.

64) 영남(嶺南) : 지금의 광동(廣東)성과 광서(廣西)성을 말한다.

65) 도오(道吾, 769~835) : 당나라 때의 선승. 어린 나이에 열반 선사를 은사로 출가. 후에 약산유엄(藥山惟儼)선사의 법을 이었다. 도오산(道吾山)에서 법을 펼쳤다.

66) 점원(漸源, 생몰 미상) : 당나라 때의 선승. 도오(道吾)의 법을 이었다. 후에 점원(漸源)에 머물며 법을 펼쳤다.

67) 흠산(欽山, 834~896) : 당나라 때 조동종의 선승. 처음에는 덕산 문하에 있다가 후에 동산양개(洞山良价)의 말에 크게 깨치고 그의 법을 이었다. 흠산에 머물며 법을 펼쳤다.

68) 주장자(拄杖子) : 선승들이 지니고 있는 법의 상징물 중 하나로, 일종의 지팡이다. 설법할 때 대중들에게 들어 보이기도 하고 후학들을 지도하는 데 쓰기도 한다.

69) 황소의 난 : 당나라 말, 황소(黃巢, 820~884)가 일으킨 난으로 세력이 커져 장안을 점령하고 스스로 나라를 세워 국호를 대제(大齊), 연호를 금통(金統)이라 불렀다. 그러나 기반이 없어 3년 만에 토벌군에게 격파되어 태산(泰山) 근처에

서 자결하였다. 당나라가 망하는 결정적 계기가 되기도 하였다.

70) 부대사(傅大士, 497~569) : 16세에 결혼하여 아들 둘을 낳았으나 24세에 송산(松山) 쌍도수(雙檮樹) 아래 암자를 짓고 7년간 수행하면서 쌍림사(雙林寺)를 창건하였다.

71) 귀종(歸宗, 생몰 미상) : 당나라 때의 선승. 마조도일(馬祖道一)의 법을 이었다. 여산(廬山) 귀종사(歸宗寺)에 머물면서 법을 펼쳤다.

72) 마곡(麻谷, 생몰 미상) : 마조도일의 법을 이었고 포주(산서) 마곡산에 머물면서 법을 펼쳤다.

73) 운암(雲巖, 782~841) : 당나라 때의 선승. 어릴 나이에 출가. 백장회해 문하에서 수행했으며, 백장 입적 후, 약산유엄(藥山惟儼) 문하에서 크게 깨치고 그의 법을 이었다.

74) 지장(智藏, 735~814) : 당나라 때의 선승. 8세에 출가, 마조(馬祖) 문하에서 깨치고 그의 법을 이었다. 백장(百丈)·남전(南泉)과 함께 마조의 3대 제자로 이름을 떨쳤다. 지장의 법을 이은 제자로 신라의 승려 도의(道義)·본여(本如)·홍척(洪陟)·혜철(慧徹) 등이 있는데 이들이 신라로 돌아와 구산선문(九山禪門)을 열고 선의 뿌리를 내렸다.

75) 금우(金牛, 생몰 미상) : 당나라 때의 선승. 마조의 법을 이었다.

76) 오구(烏臼, 생몰 미상) : 당나라 때의 선승. 마조의 법을 이었다.

77) 단하(丹霞, 739~824) : 당나라 때의 선승. 석두희천(石頭希遷)의 법을 이었고 강서의 마조를 만나 천연(天然)이라는 법호를 받았다. 단하산(丹霞山)에서 법을 펼쳤다.

78) 개사(開士) : '보살'의 번역어이다.

79) 선덕(禪德) : 선승 즉, 수행자에 대한 존칭이다.

80) 육식(六識) : 오식인 '눈', '귀', '코', '혀', '몸' 즉, '보고', '듣고', '냄새 맡고', '맛보고', '몸으로 익히는 것'을 말하는데, 이를 통해 생각에 전해져 행동하게 되므로 '생각'을 넣어 6식이라 한다.

81) 대룡(大龍, 생몰 미상) : 송나라 때의 선승, 백조지원(白兆志圓)의 법을 이었고, 대룡산에서 법을 펼쳤다.

82) 색신(色身) : 유형의 색깔이 있는 몸을 말한다.

83) 유마(維摩) : 유마힐(維摩詰), 부처님의 재가 제자로 중인도 비사리성의 장자(長子)이다.

84) 동봉(桐峰, 생몰 미상) : 오나라·후당 때의 선승. 임제의 법을 이었다.

85) 현사(玄沙, 835~908) : 당말·오대의 선승. 30살에 영훈(靈訓)선사 문하로 출가. 설봉의존(雪峰義存)의 법을 이었다. 현사산(玄沙山)에서 30여 년간 머물며 법을 펼쳤다. 따르는 이가 8백여 명이었다고 한다.

86) 염관(鹽官, ?~842) : 당나라 말의 선승. 항주 염관(鹽官)의 해창원(海昌院)에서 주석하면서 법을 펼쳤다. 마조(馬祖)의 법을 이었다.

87) 대광(大光, 837~903) : 석상경제(石霜慶諸)의 법을 이었으며, 대광산에 머물며 법을 펼쳤다.

88) 아라한(阿羅漢) : 소승(小乘)에서 수행자들이 얻는 네 가지 성스러운 지위 중 최고의 경지를 말한다. 음역으로 아로한(阿盧漢)·아라하(阿羅訶)이라고도 하며, 뜻으로 번역하면 살적(殺賊)·번뇌적(煩惱賊)·응공(應供)·불생(不生) 등으로 번역된다.

89) 삼독(三毒) : 탐·진·치(貪瞋痴) 즉 탐욕과 분노, 어리석음을 말한다.

90) 삼전어(三轉語) : 전어(轉語)라는 것은 한자 그대로, 말의 맥락을 단번에 바꾸는 혹은 반전시키는 말이다. 여기에서는 조주가 '세 번'이나 반전시키면서 어리석은 제자를 위해 노력하고 있다.

91) 삼악도(三惡道) : 죄를 지은 사람이 죽으면 간다는 세 가지의 세계로, 곧 지옥(地獄), 축생(畜生), 아귀(餓鬼)를 말한다. 지옥도는 다시 태어나도 지옥이며, 축생도는 짐승의 몸이 되어 태어나는 것이며, 아귀도는 항상 굶주리며 매를 맞는 아귀들이 모여 사는 세계이다.

92) 천평(天平, 생몰 미상) : 송나라 때의 선승. 현사선사의 법을 이은 청계홍진(清溪洪進)의 법을 이었고, 천평산에 머물면서 법을 펼쳤다.

93) 서원(西院, 생몰 미상) : 오나라 때 임제종의 선승. 임제의 법을 이은 보수소(寶壽沼) 선사의 법을 이었다. 여주(지금의 하남 임여) 서원(西院)에 머물면서 법을 펼쳤다.

94) 취모검(吹毛劍) : 칼날 위에 털 하나가 떨어져도 잘려지는 아주 날카로운 칼이 자 지혜의 칼을 말한다. 선가에서는 마음에 잡념이나 망상 등이 일어나면 취모 검으로 단번에 베어 버리라고 하는데, 아주 뛰어난 지혜나 불성(佛性) 혹은 깨 달음 등을 의미한다.

Collectio Humanitatis pro Sanatione VIII

오직 모를 뿐 _ 벽암록

초 판 1쇄 2024년 09월 25일

지은이 최두헌
펴낸이 류종렬

펴낸곳 미다스북스
본부장 임종익
편집장 이다경, 김가영
디자인 윤가희, 임인영
책임진행 이예나, 김요섭, 안채원
표지 일러스트 정태경 〈내 친구의 집은 어디인가─황무지의 집〉
저자 일러스트 신노을
책임편집 이지수, 김남희, 류재민, 배규리, 최금자

등록 2001년 3월 21일 제2001-000040호
주소 서울시 마포구 양화로 133 서교타워 711호
전화 02) 322-7802~3
팩스 02) 6007-1845
블로그 http://blog.naver.com/midasbooks
전자주소 midasbooks@hanmail.net
페이스북 https://www.facebook.com/midasbooks425
인스타그램 https://www.instagram.com/midasbooks

ISBN 979-11-6910-808-9 03100

값 25,000원

미다스북스는 다음세대에게 필요한 지혜와 교양을 생각합니다.